Basiswissen

Politik / Geschichte / Ökonomie

Urte Sperling

Die Nelkenrevolution in Portugal

PapyRossa Verlag

Eine Übersicht aller Titel der PapyRossa-Reihe
Basiswissen Politik / Geschichte / Ökonomie
finden Sie unter shop.papyrossa.de/basiswissen

4. Auflage 2023
3. Auflage 2019
2., erweiterte Auflage 2016

Luxemburger Str. 202, D-50937 Köln
Tel.: +49 (0) 221 – 44 85 45
Fax: +49 (0) 221 – 44 43 05
E-Mail: mail@papyrossa.de
Internet: www.papyrossa.de

Druck: Interpress

Die Deutsche Nationalbibliothek verzeichnet diese Publikation in der Deutschen Nationalbibliografie; detaillierte bibliografische Daten sind im Internet über http://dnb.d-nb.de abrufbar

ISBN 978-3-89438-541-5

Inhalt

Einleitung

1974/75 wurde die europäische Öffentlichkeit von der portugiesischen Nelkenrevolution überrascht. Für knapp zwei Jahre lieferten die Ereignisse immer neue Schlagzeilen für die internationalen Medien und beunruhigten die Mächtigen in der NATO, den USA und Westeuropa. Revolutionäre Militärs hatten am 25. April 1974 eine Diktatur gestürzt, sich mit einer kämpferischen ArbeiterInnenklasse verbündet und schienen entschlossen, in einem Land der NATO eine sozialistische Gesellschaft zu errichten.

Für einige Jahre weckten die Herrschaftsverhältnisse, die Ökonomie und die Geschichte der Klassenkämpfe Portugals das Interesse von linken Sozial- und PolitikwissenschaftlerInnen. Als die EG, die Europäische Gemeinschaft, begann, Portugal als künftiges Mitglied ins Visier zu nehmen, wurde das Land in jeder Hinsicht durchleuchtet, dies aber nur solange, bis die Anschlussfähigkeit zu den Bedingungen des westlichen Staatenbündnisses hergestellt war. Danach verebbte die Neugier wieder. Portugal galt als »normalisiert«, es blieb eine arme Gesellschaft an der südlichen Peripherie Europas, jetzt allerdings mit einer neu zusammengesetzten herrschenden Klasse. Auch die von der Revolution entmachteten »Donos de Portugal« (Herren von Portugal) – so der Titel eines jüngst in Portugal erschienen Bandes – kehrten aus dem Exil zurück und wurden großzügig entschädigt. Die neue mit der Europabürokratie fest verbundene Elite gilt als Musterschülerin neoliberaler Austeritätsstrategien, ist allerdings inzwischen mit massiven Protesten, mit Generalstreiks und Massendemonstrationen der Bevölkerung, die eine weitere Verarmung nicht hinnehmen will, konfrontiert. Man erinnert sich wieder an die Aprilrevolution von 1974. Während des vorletzten Generalstreiks bekundete in Lissabon eine Gruppe von Soldaten und Offizieren demonstrativ, dass sie an der Seite der Streikenden und Protestierenden stehen, indem sie sich zu den Klängen der Revolutionshymne »Grândola, vila morena« in den Demonstrationszug einreihten.

Nicht nur die ProtagonistInnen von damals – die allermeisten, sofern sie noch leben, sind längst im Rentenalter –, auch jüngere AktivistInnen diskutieren, ob eine »Nelkenrevolution reloaded« (so der Titel eines Bändchens von 2013) zu erwarten sei. Auch streiten ZeitzeugInnen und Akteure vor Ort immer noch heftig über die Bewertung jener Jahre. Im Kampf um die offizielle Version der Ereignisse von 1974/75 wird die Nelkenrevolution entweder als chaotisches Intermezzo auf dem Weg von der Diktatur zur Demokratie dargestellt oder – von Seiten der AnhängerInnen der Salazar-Diktatur – als Ausverkauf portugiesischer Interessen sowohl in Portugal als auch in Afrika, der nur zustande kommen konnte, weil die Revolutionäre, allen voran die Kommunistische Partei angeblich im Auftrag der damals noch existierenden Sowjetunion deren Interessen in den afrikanischen Staaten umgesetzt und die ehemaligen Kolonien in blutige Bürgerkriege getrieben habe.

Dem offiziellen Diskurs nach handelte es sich bei der Aprilrevolution um einen »Transitionsprozess«, einen gelungenen Übergang von der Diktatur zu einer parlamentarischen Demokratie, der dem Versuch, eine »Linksdiktatur« zu errichten, widerstanden habe. In der sozialwissenschaftlichen Literatur werden die damaligen Ereignisse häufig auch als letzte »klassische« von der organisierten ArbeiterInnenbewegung getragene soziale Revolution in Europa interpretiert.

Was für eine Revolution war nun die Nelkenrevolution? Auf diese Frage versucht dieses Bändchen eine Antwort zu geben.

I.
Ein kleiner historischer Abriss

Portugal war die erste Entdeckernation neben den Niederlanden und Spanien und zählte damit zu den Pionieren der europäischen kolonialen Eroberungen. Seine internen Ressourcen reichten nicht zu einer effektiven Kolonisierung. Zum Erhalt der kolonialen Herrschaft brauchte es Verbündete. Mit dem sog. Methuen-Vertrag von 1703[1] begann die Unterordnung seiner Ökonomie unter die Interessen britischen Kapitals. Daraus resultierte eine strukturelle Abhängigkeit, die nie überwunden wurde. Gewerbe und Industrie blieben gemessen am Stand anderer westeuropäischer Kolonialmächte unterentwickelt.

Anfang des 20. Jahrhunderts gab es auf der Basis von ausländischem Kapital einen ersten Versuch nachholender Industrialisierung: Eisenbahnlinien und Straßen wurden gebaut, Konserven-, Textil- und Tabakfabriken sowie mehrere Werften entstanden, und es begann die interne Besiedlung der afrikanischen Besitzungen. Grundbesitz, Kaufmanns- und Bankkapital waren eng miteinander verwoben und bildeten die Basis der portugiesischen Oligarchie bis zu den 1960er Jahren. Charakteristisch waren auch die regionalen Unterschiede in der Landwirtschaft. Im Norden dominierte das »Minifundium«: parzellierte Bodenfetzen, von Kleinpächterfamilien in Subsistenzwirtschaft

---

1 Der Vertrag sah vor, dass England ohne Hindernisse Textilien nach Portugal und dessen Kolonien exportieren konnte, während Portugal Portwein nach England ausführte. Für Portugal war der Vertrag verhängnisvoll, weil er seine Textilwirtschaft zerstörte und so eine eigenständige Industrialisierung verhinderte.

bearbeitet. Im Süden erstreckten sich Latifundien (Großgrundbesitz), auf denen die riesigen Flächen des trockenen Landes wenn überhaupt, dann extensiv genutzt wurden. Die hier lebenden Menschen mussten sich, soweit sie nicht abwanderten, als TagelöhnerInnen verdingen.

1910 wurde die Monarchie gestürzt und die Erste Republik ausgerufen. Für die Probleme der Unterklassen hatte sie keine Lösungen zu bieten. Weder eine Alphabetisierung noch der Aufbau eines umfassenden staatlichen Schulwesens wurden in Angriff genommen. Trotz formaler Trennung von Kirche und Staat behielt die Kirche in wichtigen Bereichen des Staates und der ländlichen Gesellschaft die ideologische Hegemonie und übte über Priesterseminare, Laienorden und Lehrstühle an den Universitäten maßgeblichen Einfluss auf die Elitenbildung aus. In den Städten bildete eine antiklerikale republikanisch-demokratische Intelligenz einen Gegenpol und organisierte sich in den Parteien der Republik.

Portugal beteiligte sich auf der Seite der Entente am Ersten Weltkrieg, um bei einer etwaigen Neuaufteilung der Kolonien im südlichen Afrika seine Territorien zu halten. Krieg und Kolonisierung trieben die Staatsverschuldung in die Höhe und führten zu Teuerung und Lebensmittelknappheit. Die zahlenmäßig gewachsenen arbeitenden Klassen in den Städten antworteten mit Streiks und Demonstrationen, forderten höhere Löhne und mehr Rechte.

Die Anfänge der portugiesischen ArbeiterInnenbewegung reichen in die Mitte des 19. Jahrhunderts zurück. Damals entwickelte sich der »mutualismo«. Dies ist ein Sammelbegriff für Selbsthilfeorganisationen, Konsumgenossenschaften und Unterstützungskassen. Erste Gewerkschaften entstanden bei den Textil- und den TabakarbeiterInnen, den Korkschälern und in den Konservenfabriken. Die verschiedenen Fraktionen der internationalen ArbeiterInnenbewegung gewannen Einfluss in den Zentren von Industrie und Landarbeit. Anarchosyndikalisten gründeten 1919 die nationale Gewerkschaftszentrale CGT[2] und blieben während der Ersten Republik die führende Kraft der ArbeiterInnenkämpfe.

Die russische Oktoberrevolution von 1917 hatte einen starken Einfluss auf die portugiesische ArbeiterInnenbewegung, vermittelte sie doch die Botschaft, dass ArbeiterInnen und Bauern in der Lage waren, ein ausbeuterisches Regime zu stürzen, Land und Fabriken in Besitz zu nehmen und mittels eines Rätesystems selbst zu verwalten. Die 1919 gegründete Kommunistische Internationale (Komintern) und die Rote Gewerkschaftsinternationale RGI (1921) beeinflussten die Diskussionen unter den portugiesischen AktivistInnen und führten 1921 zur Gründung der »Maximalistenvereinigung«, einer Vorläuferorganisation der Portugiesischen Kommunistischen Partei (PKP)[3].

1917 scheiterte ein Militärputsch an der heftigen Gegenwehr und einem Generalstreik. Doch hatten die republikanischen Parteien keine Strategien und Mittel, die sozialen Unruhen auf friedlichem Wege beizulegen. Als das Land 1926 erneut kurz vor dem Staatsbankrott stand, putschte das Militär erfolgreich. Diesmal gelang es der Oligarchie, im Bündnis mit dem Kleinunternehmertum, dem Klerus und dem rechten Flügel des Militärs, ihre Herrschaft für fast ein halbes Jahrhundert zu sichern und die arbeitenden Klassen niederzuhalten. Die Militärdiktatur von 1926 mündete in eine zivile Diktatur unter der Führung des Dr. António Oliveira de Salazar, eines eng mit der katholischen Hierarchie verbundenen Wirtschaftsprofessors. Er präsentierte einen Plan zur Sanierung der Staatsfinanzen und zur Beendigung der sozialen Unruhen. Sein Konzept hatte die Unterstützung des Unternehmerverbandes. Zwei Jahre nach dem Militärputsch erhielt er die von ihm geforderte Generalvollmacht. 1932 wurde er Ministerpräsident.

---

2 Confederação Nacional de Trabalho

3 Portugiesische Bezeichnung: Partido Comunista Português (PCP)

Die Durchsetzung seines drakonischen Austeritätskurses wurde im Ausland als »portugiesisches Wunder« bestaunt. Eine geschickte Umschuldung, eine Steuerreform zu Lasten der Unterklassen, der Zwang für alle Kommunen, trotz gedrosselter Einnahmen ausgeglichene Haushalte vorzulegen, strenge Auflagen für die Staatsausgaben wurden flankiert von einem Lohn- und Mietpreisstopp und von der Politik des »pão político« (»politisches Brot«), einer Regulierung der Lebensmittelpreise, die den Brotpreis niedrig hielt, ohne den Großgrundbesitzern die Weizenpreise zu verderben. Jede Art von Klassenkampf wurde durch brutale Repression niedergehalten.

In den Kolonien Angola und Mosambik entstanden Baumwollplantagen, neue Siedlungen mit Kleingewerbe, Kleinhandel, Verwaltung und Militärposten. Schürfrechte für den Abbau wichtiger Erze wurden an ausländische Gesellschaften vergeben. Die Kolonialverwaltungen mussten ihre Kosten vor Ort erwirtschaften. Der Sklavenhandel, an dem portugiesische Handelsgesellschaften führend beteiligt waren, wurde zwar Anfang des 20. Jahrhunderts international geächtet. Doch im Rahmen der sog. »Kontraktarbeit« wurden weiterhin zahllose Männer gewaltsam aus ihren Dörfern verschleppt und als Zwangsarbeiter in die Minen und auf die Plantagen der Nachbarländer vermietet. Der Lohn für ihre Arbeit floss in die Kassen der Kolonialverwaltung. Die erzielten Gewinne wurden bei staatlichen Banken zentralisiert.

Von der ungleichen Arbeitsteilung zwischen Kolonien und »Mutterland«, der rassistischen Diskriminierung und Überausbeutung der »farbigen« Bevölkerung und vom Kolonialhandel profitierten Plantagenbesitzer, Industrielle, Händler, Militärs und Kolonialbeamte. Mit der Diktatur waren politische Verhältnisse entstanden, die es den traditionellen Eliten des Landes ermöglichten, ihre wirtschaftlichen Interessen, ihre Privilegien und ihren Luxuskonsum unangefochten von Lohnforderungen oder sozialen und politischen Ansprüchen der arbeitenden Klassen wahrzunehmen. Für einen Teil des Kleinbürgertums bot die Kolonialpolitik die Möglichkeit, in Übersee »das Glück zu suchen«. Dort entstand eine SiedlerInnengesellschaft aus Plantagenbesitzern, Kleingewerbetreibenden, Unternehmern, Verwaltungsbeamten, Militär und Geheimpolizei. Die Missionsorden, die sich um Christianisierung der Landbevölkerung bemühten, waren die Träger der Schulbildung und trugen zur Entstehung der »Assimilados« bei, einer kleinen Schicht von »Farbigen«, die in der rassistischen Hierarchie zwar unter den »Weißen«, doch über der »unzivilisierten« Bevölkerungsmehrheit stand.

Der diktatorische »Neue Staat«

Bald nach dem Amtsantritt Salazars als Ministerpräsident wurde Portugal systematisch zu einem korporatistischen Polizeistaat umgebaut. Nach dem Vorbild des deutschen und des italienischen Faschismus entstand eine Staatspartei, die »Nationale Union« UN[4]. Ein »Estatuto do Trabalho« (Arbeitsstatut), das von der »carta di lavoro« des Mussolini-Regimes inspiriert war, und ein Gewerkschaftsgesetz untersagten jede Form von Arbeitskampf. Die Gewerkschaftszentrale CGT wurde 1934 verboten und gewaltsam aufgelöst. Die organisierten FabrikarbeiterInnen wehrten sich mit einem Generalstreik. In der Glasarbeiterstadt Marinha Grande weitete er sich zu einem Volksaufstand aus, der mehrere Tage standhielt. Doch schließlich wurde aller Widerstand blutig niedergeschlagen. Nun drohten für »Störung des Arbeitsfriedens« Gefängnisstrafen. An die Stelle freier Gewerkschaften traten die »Nationalen Syndikate«[5] Sie unterstanden einem »Korporationsministerium«. Fischern,

4 União Nacional. Es handelte sich nicht um eine Massenpartei wie die NSDAP, sondern um eine Art Staatsbürgerliche Vereinigung, die der Rekrutierung von höheren Beamten des Regimes diente. Über eine Massenbasis verfügte Salazar nicht, er strebte sie auch nicht an. Ihm war jede populistische Tendenz fremd.

5 Sindicatos Nacionais

LandarbeiterInnen und Hausangestellten war jede Organisation untersagt.

Ein mehrgliedriger Gewaltapparat unterdrückte die Opposition. Zusätzlich zu den Formationen der »Polizei für öffentliche Sicherheit« PSP[6], der »Republikanischen Nationalgarde« GNR[7] und der paramilitärischen »Portugiesischen Legion« entstand in den 1930er Jahren nach dem Vorbild der deutschen Geheimen Staatspolizei die Staatsschutzpolizei PVDE[8]. Gestapo-Spezialisten bildeten deren Agenten in Verhör- und Foltertechniken aus. Bis 1940 warb diese Behörde 10.000 Spitzel an. 1936 entstand das berüchtigte Konzentrationslager für politische Gefangene in Tarrafal auf der kapverdischen Insel Santiago. Im »Mutterland« erlangten u. a. das Zuchthaus Caxias, das Fort Peniche an der Atlantikküste, das Lissabonner Gefängnis Aljube und die Zentrale der PVDE mit ihren Folterkabinetten traurige Berühmtheit. Bis zu drei Monaten konnten Gefangene ohne richterliche Anhörung eingesperrt werden. Nach Verbüßung der verhängten Strafen ordnete die Geheimpolizei häufig Sicherheitsverwahrung auf unbestimmte Dauer an. Folter, Deportationen, Zuchthaus- und Gefängnisstrafen für regimekritische Äußerungen, für Teilnahme an Widerstandsaktionen, das Einfordern von Rechten oder mehr Lohn, die Verbreitung oder den Besitz illegaler Zeitungen oder Flugblätter, eine Brief- und Telefonkontrolle, die Überwachung von Medien, Literatur und Kunst durch eine eigens geschaffene Zensurbehörde: all dies sorgte bis in die 1960er Jahre für Friedhofsruhe. Auch in den Kolonien unterhielt die PVDE ein ausgedehntes Spitzelsystem, Spezialgefängnisse und Folterstätten.

Außenpolitisch stand Portugal traditionell an der Seite Großbritanniens. Innerhalb der herrschenden Kreise hatte es aller-

---

6 Polícia de Segurança Pública

7 Guarda Nacional Republicana

8 Polícia de Vigilância e de Defesa do Estado. Ab 1942: Polícia Internacional e de Defesa do Estado = Internationale Staatsschutzpolizei, PIDE

dings bereits während des Ersten Weltkrieges Sympathien für das Deutsche Kaiserreich gegeben. Nach der Errichtung der NS-Diktatur machten die Vertreter des »Estado Novo« (Neuer Staat) keinen Hehl aus ihrer Nähe zum Hitler-Regime, zu Mussolini in Italien und zu den Franco-Faschisten in Spanien. Während des Zweiten Weltkrieges blieb Portugal neutral und belieferte alle Kriegsparteien mit kriegswichtigen Rohstoffen, was die Staatskassen füllte und den beachtlichen Gold- und Devisenschatz begründete, der von konservativen Portugal-Beobachtern der 1950er Jahre als Markenzeichen der »sparsamen« Salazarschen Wirtschaftspolitik bewundert wurde.

Seit den 1950er Jahren betrieb der »Estado Novo« eine systematische Industriepolitik. Die beim Staat konzentrierten Kriegsgewinne und Kolonialprofite sollten einer nachholenden Industrialisierung dienen, wobei der Einfluss von ausländischem Kapital durch protektionistische Vorgaben zunächst begrenzt wurde. Mit dem ersten Sechsjahresplan und dem sog. »condicionamento industrial«, einem dirigistischen Konzept der Investitionslenkung und -kontrolle, wurde ein rasanter Prozess der Kapitalkonzentration und -zentralisation zu Lasten tausender Klein- und Mittelbetriebe eingeleitet. Dieses Konzept geriet in den 1960er Jahren an seine Grenzen. Innerhalb der Oligarchie hatte sich eine neue Gruppe von Industriellen und Bankiers herausgebildet, die auf westeuropäische Absatzmärkte und stärkere Kollaboration mit Auslandskapital orientierte und sich durch die staatlichen Vorgaben eingeengt fühlte. Dieser wirtschaftsliberale Flügel der Oligarchie forderte, den Protektionismus zu lockern und den portugiesischen und kolonialen Markt zu öffnen. So trat Portugal 1960 der EFTA[9] bei.

---

9 European Free Trade Association (»Kleine Freihandelszone«) zwischen Großbritannien, Dänemark, Norwegen, Schweden, Portugal, Österreich und der Schweiz

Opposition und Widerstand

Während der 48-jährigen Diktatur gab es im Lande nicht nur Anpassung und Resignation, sondern immer wieder auch oppositionelle Zirkel, subkulturelle Nischen, Auflehnung und Widerstand. Hier wirkten Anhänger antiklerikaler Freimaurerlogen, republikanische Militärs, die aus der Armee gedrängt oder von Salazar gedemütigt worden waren bzw. dessen Affinität zum NS-Regime nicht teilten und eher den Westalliierten verbunden waren, Intellektuelle, die Zeitschriften der Republik wie »Seara Nova« herausgaben und sich mit der Zensurbehörde auseinandersetzten, SchriftstellerInnen und KünstlerInnen, die nach dem Krieg den Anschluss an Westeuropa suchten und sich für die Entwicklungen in den sozialistischen Ländern und in der »Dritten Welt« interessierten.

Zum ersten Mal schöpften Opfer und Gegner des »Estado Novo« Hoffnung auf ein schnelles Ende der Diktatur, als 1931 im benachbarten Spanien die Republik ausgerufen wurde. Als bewaffnete »Rebellen« unter Generalissimo Franco und die faschistische Falange die Republik 1936 mit einem Militärputsch beseitigen wollten, beteiligten sich im folgenden Krieg Freiwillige aus den Reihen der ArbeiterInnenbewegung und der Republikaner, von denen zahlreiche Politiker ins spanische Exil geflüchtet waren, auf der Seite der republikanischen Streitkräfte[10] am Kampf gegen die Franquisten und Falangisten. Salazar entsandte mit den »viriatos« eine Gruppe der »Portugiesischen Legion« zur Unterstützung Francos und gewährte den Geschwadern aus Nazi-Deutschland, die die spanische Republik aus der Luft niederbombten, logistische Unterstützung. 1937 scheiterte in Lissabon ein Attentat auf den Diktator. Sabotage-

10 Die portugiesischen Spanienkämpfer schlossen sich nicht den Interbrigaden an, sondern wurden in die spanischen republikanischen Einheiten integriert. Nach der Niederlage der Republik wurden die Überlebenden an Portugal ausgeliefert und verschwanden in den Kerkern der PIDE oder wurden gleich an der Grenze erschossen.

akte und spontane Streiks blieben ohne Wirkung. Mit der Zerstörung der spanischen Republik verstummte auch der portugiesische Widerstand.

Erst die Niederlage der deutschen Wehrmacht vor Stalingrad 1943 weckte neue Hoffnungen. Das Ende des Hitler-Faschismus – so glaubten viele – werde auch den »Estado Novo« beenden. Am 8. Mai 1945, dem Tag der deutschen Kapitulation, kam es zu spontanen Freudenkundgebungen vor den Botschaften der Alliierten, verbunden mit der Forderung nach freien Wahlen. Doch es gelang Salazar, sich den neuen Verhältnissen anzupassen. Auf Drängen führender Militärs hatte er während des Krieges die wohlwollende Neutralität gegenüber dem Hitler-Regime aufgegeben und den USA Militärstützpunkte auf den Azoreninseln eingeräumt. Nun kündigte er an, dass es künftig alle vier Jahre Wahlen zur Nationalversammlung geben werde. Bei Präsidentschaftswahlen 1949 wagte der republikanische Ex-General Norton de Matos als Gegenkandidat zu Salazars Favoriten anzutreten. Vor 100.000 Menschen setzte er sich für eine demokratische Erneuerung ein. Doch zog er seine Kandidatur zurück, als Salazar klarstellte, dass er ihn nach einem etwaigen Wahlsieg nicht akzeptieren werde. Noch im selben Jahr wurde Portugal Gründungsmitglied der NATO und erhielt Militär- und Wirtschaftshilfe der USA. Es trat der Organisation für europäische wirtschaftliche Zusammenarbeit OEEC[11] bei und wurde 1955 in die UNO aufgenommen. Zwar stieß angesichts der beginnenden Entkolonisierung die Mitgliedschaft eines weiteren Kolonialstaates auf Schwierigkeiten. Doch Salazar überwand auch dieses Problem, indem er per Verfassungsänderung die Kolonien zu »Überseeprovinzen« erklärte. Fortan war Portugal formal ein »plurirassialer« einheitlicher Staat, der aus einer »Metropole«

11 Seit 1961: Organisation für wirtschaftliche Zusammenarbeit und Entwicklung OECD

und »Provincias Ultramarinas« (Überseeprovinzen) bestand, folglich dem Selbstanspruch nach auch nicht zu den Kolonialmächten zählte.

Die Portugiesische Kommunistische Partei – PKP

Eine besondere Erwähnung unter den Organisationen des Widerstands verdient die Portugiesische Kommunistische Partei. Nach der Zerschlagung der anarchosyndikalistisch geprägten Gewerkschaftszentrale CGT blieb sie die einzige Organisation der ArbeiterInnenklasse, der es gelang, sich trotz ständiger Rückschläge, brutaler Repression und interner Auseinandersetzungen immer wieder zu reorganisieren und in Kontakt mit allen oppositionellen Gruppen zu bleiben.

Die PKP datiert den Anfang ihrer Geschichte nicht auf die Gründung der »Maximalistenvereinigung«, sondern auf die Bildung eines Sekretariats unter der Leitung des Hafenarbeiters Bento Gonçalves im Jahr 1929. Ein Kader von Berufsrevolutionären und die Parteizeitung *Avante!* bildeten den Kern der Organisation, die sich an strikte Regeln der Konspirativität hielt.

Eine wichtige Rolle für den Einfluss der KommunistInnen in der ArbeiterInnenschaft spielte ihre Gewerkschaftsstrategie, die sie nach der Gründung der »Nationalen Syndikate« neu definierte. Nachdem die illegale Leitung der PKP zunächst der Linie der Komintern und der Roten Gewerkschaftsinternationale (RGI) folgend auf die Organisation illegaler separater Gewerkschaften hinarbeitete, korrigierte die Leitung nach dem VII. Weltkongress der Komintern (1935) diese Strategie und nahm die illegale Arbeit innerhalb der Nationalen Syndikate der Diktatur auf.

Auch auf den Latifundien des Alentejo existierten Ansätze einer illegalen Organisation. Die »praças da jorna« – Plätze, auf denen die TagelöhnerInnen und SaisonarbeiterInnen von den Gutsverwaltern taxiert und für die Arbeit ausgewählt wurden und wo der Lohn festgelegt wurde – konnten immer wieder zum Ausgangspunkt spontaner und manchmal auch koordinierter Streiks werden. Die Wirksamkeit der illegalen Organisationsformen zeigte in den Fabriken und unter den LandarbeiterInnen 1942 – 1944 erste Resultate, als mit regionalen Streiks und Hungermärschen punktuelle Erfolge erzielt werden konnten.

Der PKP gelang es auch, in den illegalen Zirkeln Fuß zu fassen, die sich in den 1920er Jahren in Afrika bildeten. Diese rekrutierten sich meist aus der kleinen Schicht gebildeter »Assimilados«, die lesen und schreiben konnten und in den Städten lebten. In den Hafenstädten existierten Gewerkschaften, so die »Union of the Luanda Navy Workers«, die 1926 vom Hafenarbeiter und späteren Generalsekretär der PKP Bento Gonçalves gegründet worden war. Die PKP hatte die Forderung nach der Unabhängigkeit der Kolonien von Anfang an in ihrem Programm. Bento Gonçalves wurde in den 1930er Jahren verhaftet, nach Tarrafal ins »campo da morte lenta«, das »Lager des langsamen Todes«, deportiert, wo er Anfang der 1940er Jahre an Unterernährung und Malaria starb.

In den späten 1940er Jahren initiierten die Kommunisten die semilegale »Bewegung der Demokratischen Einheit« MUD[12] mit der Jugendorganisation MUD Juvenil. Der spätere Führer der Sozialistischen Partei Mário Soares begann seine politische Arbeit im MUD Juvenil und wurde mehrfach verhaftet. Nach seiner Freilassung 1949 überwarf er sich mit der PKP. In den 1950er Jahren kam es zum Bruch[13]. Er zog sich mehrere Jahre

12 Movimento da Unidade Democrática

13 In seinem Buch »Portugal – Rechtsdiktatur zwischen Europa und Kolonialismus«, Reinbek 1973, schreibt Soares, die PKP habe ihm Opportunismus vorgeworfen, als er sich weigerte, sich der Partei unterzuordnen. Man habe versucht, ihn innerhalb der Opposition zu isolieren, und seine Frau, die Schauspielerin Maria Barroso, bedrängt, sich von ihm zu distanzieren.

aus der Politik zurück und wurde seit Ende der 1950er Jahre wieder aktiv, nun mit dem Ziel, neben der Kommunistischen Partei eine eigenständige sozialdemokratische oder sozialistische Partei zu gründen.

Die Kampagne für Humberto Delgado

Nach mehreren Jahren der politischen Eiszeit stellte sich bei den turnusgemäß anstehenden Präsidentschafts»wahlen« 1958 erneut ein General gegen den Kandidaten Salazars und kündigte an, er werde im Falle seines Wahlsieges von seinem verfassungsmäßigen Recht Gebrauch machen, Salazar als Ministerpräsident zu entlassen. Humberto Delgado hatte als Militärattaché bei der NATO gedient und in dieser Funktion einige Zeit in den USA und in Kanada gelebt. Unterstützt wurde er von der halblegalen republikanisch-demokratischen Opposition. Anders als Norton de Matos zog er seine Kandidatur trotz Behinderungen, Repressionen und Drohungen nicht zurück. Sein Ergebnis von 25 % war angesichts der unverhohlenen Wahlmanipulation beachtlich, jedoch nicht ausreichend.

Nach den »Wahlen« änderte Salazar die Verfassung, um künftig eine Direktwahl des Präsidenten auszuschließen. Delgado wurde degradiert, verlor seine militärischen Ämter, flüchtete in die brasilianische Botschaft und ging schließlich außer Landes.

II. Die Krise der Diktatur als Krise des Kolonialismus

Das langsame Ende des portugiesischen Kolonialismus

Im Jahr 1961 begannen erste Guerillaaktionen der »Volksbewegung zur Befreiung Angolas« MPLA[14]. 1963 nahm die »Afrikanische Unabhängigkeitspartei von Guinea-Bissau, Cabo Verde und Principe« PAIGC[15] den bewaffneten Kampf auf, und auch in Mosambik häuften sich Überfälle der dort operierenden »Mosambikanischen Befreiungsfront« FRELIMO[16] auf portugiesische Stützpunkte und Infrastruktur. Die Kämpfer hatten bald die Unterstützung der Organisation für Afrikanische Einheit OAU und erhielten logistische, militärische und humanitäre Hilfen von blockfreien und sozialistischen Staaten.

Die portugiesische Armee – für den beginnenden Guerillakrieg weder materiell noch operativ gerüstet – war auf finanzielle und militärische Unterstützung von NATO-Partnern angewiesen. Für die strategischen und ökonomischen Interessen mehrerer NATO-Staaten und die Apartheidregimes in Südafrika und Rhodesien[17] spielte Portugal als Subkolonialmacht und Barriere gegen den »schwarzen Norden« eine nicht unwesentliche Rolle.

---

14 Movimento Popular de Libertação de Angola

15 Partido Africano da Independência de Guinea-Bissau, Cabo Verde e Principe

16 Frente da Libertação Moçambicana

17 Heute: Simbabwe

Der beginnende Kolonialkrieg hatte zur Folge, dass der ausgeglichene Staatshaushalt, das Kernstück Salazarscher Finanz- und Wirtschaftspolitik, bald der Vergangenheit angehörte. Angesichts der steigenden Auslandsverschuldung gab die Regierung in Lissabon unter dem Druck der Kreditgeber Schritt für Schritt die protektionistische Begünstigung für portugiesische Unternehmen in den Kolonien auf. Portugal trat 1961 dem Internationalen Währungsfonds (IWF) bei, lockerte Investitionsrestriktionen und senkte Zölle und Steuern für nichtportugiesische Gesellschaften zunächst in den Kolonien, wenig später auch im »Mutterland«.

Ende der Klassenallianz, die auf Protektionismus und kolonialer Ausplünderung beruhte

Gefördert durch die staatliche Industriepolitik der 1950er Jahre hatten sich innerhalb der portugiesischen Oligarchie sechs Finanzgruppen herausgebildet, die »meia duzia« (das halbe Dutzend) superreicher Familien, die unter den portugiesischen Unternehmen eine staatlich gestützte Monopolstellung besaßen. Sie drängten darauf, dass im Raum Lissabon und Porto die Infrastruktur weiter ausgebaut und in neue Grundstoffindustrien investiert werde, und befürworteten eine weitere Öffnung für ausländische Direktinvestitionen, in der Hoffnung, an Know-how, Technologieentwicklung und Absatzmärkten der internationalen Konzerne zu partizipieren. Staatliche Entwicklungspläne, die diesen Interessen entsprachen, wurden durch die ständig wachsenden Kriegskosten in zunehmendem Maße gefährdet. So differenzierte sich Ende der 1960er Jahre die portugiesische Oligarchie in zwei Interessengruppen, die sog. »Europäer« und die »Afrikaner«. Zu den »Europäern« gehörten jene Finanzgruppen, die in den ausländischen Konzernen die Garanten der eigenen Positionen in Afrika sahen und die zugleich auf die westeuropäischen Märkte orientierten. Die »Afrikaner« umfassten neben dem militärischen Oberkommando in Lissabon alle Gruppen in den Kolonien und im »Mutterland«, die ausschließlich von der traditionellen Kolonialwirtschaft und von der ungleichen Arbeitsteilung mit den Kolonien profitierten und die von der Armee erwarteten, dass sie die Rebellenbewegungen militärisch vernichtete. Die »Europäer« hingegen konnten sich auch mit neokolonialistischen Lösungen arrangieren, mit politisch-militärischen Kompromissen, wenn nur ihr ökonomischer Einfluss gesichert blieb.

Portugals Wirtschafts- und Sozialstruktur: Die eines fehlentwickelten außenabhängigen Landes

Die Wirtschafts- und Sozialstruktur Portugals hatte sich seit den 1950er Jahren im Zuge der Industriepolitik und des eminenten Kapitalkonzentrationsprozesses stark verändert. Aus einer Agrargesellschaft entwickelte sich eine von Auslandskapital abhängige Agrar-Industriegesellschaft. Die ArbeiterInnenzahl in den traditionellen Leichtindustrien (Lebensmittel, Textil, Möbel) blieb dabei annähernd unverändert, in der Metallindustrie und im Maschinenbau, in der Chemieindustrie, in der Elektronik, in Zellulose- und Kunststofffabriken sowie in den Großwerften mit ihren Trockendocks zur Reparatur von Riesentankern hatte sich eine neue ArbeiterInnengeneration herausgebildet, die sich im Raum Lissabon im Wesentlichen aus dem Landproleriat des Südens und im Nordwesten aus den proletarisierten Kleinbauern und Pächtern rekrutierte. Die Produktivität blieb auch in diesen Zweigen niedrig, was durch die extrem niedrigen Löhne ausgeglichen wurde.

Auch der Mittelstand hatte sich verändert. Neben der städtischen Intelligenz, der Beamtenschaft, den HandwerkerInnen und HändlerInnen gab es seit den 1960er Jahren in den großen Städten Lissabon und Porto eine bedeutende Schicht an qualifizierten Angestellten und Technikern.

Trotz der ökonomischen Entwicklung blieb Portugal das Armenhaus Westeuropas, geprägt von immenser sozialer Ungleichheit. Der Publizist Hans Hübner stellte 1976 fest: »Ein

Vergleich läßt sich allenfalls zur Türkei ziehen. Das jährliche Pro-Kopf-Einkommen lag 1974 bei etwa 1.000 Mark. Mit 4,4 Prozent (der jährlichen Geburten, U. S.) hatte Portugal die höchste Kindersterblichkeit in ganz Europa. 505.000 Hektar (Agrarland, U. S.) wurden von nur 113 Großbetrieben verwaltet, während 314.000 landwirtschaftliche Betriebe sich in 125.000 Hektar teilen mussten. Oder anders ausgedrückt, drei Prozent aller Grundbesitzer verfügten über 61,3 Prozent der gesamten landwirtschaftlichen Nutzfläche. Die Analphabetenquote liegt bei etwa 35 Prozent. Der Anteil der in der Landwirtschaft tätigen Bevölkerung ist mit 31 Prozent verhältnismäßig hoch; die Gesundheitsversorgung ist mit 0,85 Ärzten pro tausend Einwohner nur noch in der Türkei schlechter.« (Hübner S. 53 f.)

Die portugiesische Wirtschaft wurde von wenigen Familien kontrolliert. Allerdings investierten mittlerweile 950 ausländische Gesellschaften im portugiesischen »Mutterland«, was aber auf die soziale Lage keinen Einfluss hatte. Die Gewinne der ausländischen Unternehmen waren beträchtlich: »Sie variierten zwischen 14 und 40 Prozent pro Jahr. Als Normalfall wurde angesehen, dass sich das investierte Kapital alle fünf Jahre verdoppelte.« (Hübner S. 65) Portugal war die »verlängerte Werkbank« dieser Unternehmen, auf der Zwischenprodukte hergestellt und montiert wurden. »So profitierte die portugiesische Industrie noch nicht einmal vom Know-how dieser Unternehmen, sondern stellte lediglich billige Arbeitskräfte zur Verfügung.« (ebd.)

In der Landwirtschaft, immer noch die Basis der portugiesischen Wirtschaft, hatte sich der Prozess der Mechanisierung und Modernisierung seit den 1950er Jahren nur sehr schleppend entwickelt. Die staatliche Agrarpolitik forcierte auch hier den Kapitalisierungs- und Konzentrationsprozess. Viele kleinbäuerliche Existenzen wurden vernichtet und die einstigen Bauern und Pächter »proletarisiert«. Die Großagrarier investierten kaum in die Produktion von Nahrungsgütern – Weizen musste importiert werden –, sondern in Rohstoffe wie den schnell wachsenden Eukalyptus für die Zelluloseherstellung oder die Korkeichen und zogen Gewinne aus dem mit dem sich entwickelnden Tourismus verbundenen Immobiliengeschäft und der Bodenspekulation. Die Investitionen in der Industrie schufen nicht genügend Arbeitsplätze, um die proletarisierte Landbevölkerung zu absorbieren. Zwischen 1950 und 1969 wanderten insgesamt 1,974 Mio. PortugiesInnen aus, das war fast ein Viertel der Bevölkerung des Mutterlandes.1966 – 1972 lag die Nettoemigration bei über 100.000 pro Jahr. Sie steigerte sich zwischen 1969 und 1972 auf 160.000 pro Jahr, dies bei einer Gesamtbevölkerungszahl von 8,6 Mio. Menschen.

Organisierte ArbeiterInnenbewegung und demokratische Opposition

Mit dem Aufbau neuer Betriebe und Niederlassungen multinationaler Konzerne im portugiesischen »Mutterland«, die die Standortvorteile – geographische Lage, niedrige Löhne, restriktive Arbeitsgesetzgebung, Steuervorteile und großzügige Profittransferregelungen – nutzten, wuchs die Zahl der IndustriearbeiterInnen. Gleichzeitig wurden Arbeitskräfte knapp. Die Elendsverhältnisse auf den Latifundien und in den archaischen ländlichen Gebieten des Nordens beförderten zwar die Landflucht in die Städte, doch angelockt durch die Anwerbepolitik Frankreichs, Belgiens und Deutschlands in der Phase der dortigen Vollbeschäftigung wanderte ein beträchtlicher Teil der Arbeitssuchenden weiter über die Grenze nach Norden, wo wesentlich höhere Löhne gezahlt wurden. Trotz staatlicher Ausreiseverbote und Grenzkontrollen verließen von Jahr zu Jahr mehr PortugiesInnen das Land. 1964 erhielt der Massenexodus durch die Verlängerung der Wehrpflicht von zwei auf vier Jahre einen zusätzlichen Impuls.

Ende der 1960er Jahre wurde schließlich eine selbstbewusste ArbeiterInnenbewegung aktiv, die sich auch durch harte Repressionen nicht mehr einschüchtern ließ und sich zunehmend politisierte. Seit der Präsidentschaftskandidatur Delgados hatte sich die bürgerlich-demokratische Opposition neu formiert. Nach jahrzehntelangem Schweigen wurde erstmals öffentliche Kritik von Vertretern der oberen Kirchenhierarchie laut. Viele KatholikInnen – Priester wie Laien – hatten Delgado unterstützt. Der Erzbischof von Porto, Ferreira Gomes, richtete während eines Auslandsaufenthaltes 1959 einen Brief an Salazar, in dem er den Diktator für eine an der katholischen Soziallehre orientierte Politik gewinnen wollte. Salazar erteilte ihm Einreiseverbot und forderte ihn auf, sein Amt niederzulegen, was dieser ablehnte. Ferreira Gomes blieb bis 1969 im Exil.

Die ideologische Hegemonie von Staat und Kirchenführung erhielt weitere Risse durch die Erfahrungen der Missionsorden in Afrika mit der Brutalität der Kolonialarmee in den Kampfgebieten. Auf ihre Kritik an der portugiesischen Kriegsführung reagierten Salazar und das Oberkommando in Lissabon mit der Ausweitung der Repression. Nichtportugiesische Orden wurden aus den Kolonien ausgewiesen, portugiesische Missionare von der Geheimpolizei verhaftet und gefoltert.

Obwohl regimekritische Gläubige von der konservativen Kirchenhierarchie scharf bekämpft und von der PIDE verfolgt wurden, entstand eine organisierte linkskatholische Opposition, die den Sturz der Diktatur anstrebte. Zu ihr gehörten auch Offiziere wie Manuel Serra, der sich im Dezember 1961 an einer Militärrevolte in der alentejanischen Stadt Beja beteiligt hatte – eine von mehreren erfolglosen Aktionen, Humberto Delgado doch noch zur Macht zu verhelfen. Delgado war damals illegal ins Land gereist.[18] Nach dem Fehlschlag des Aufstandsversuchs

---

18 In der Armee war zu dieser Zeit viel Unmut gegenüber Salazar und dem Lissabonner Oberkommando. In der von Indien besetzten portugiesischen Kolonie Goa hatten die verantwortlichen Kommandeure kapituliert, um unnötiges Blutvergießen zu vermeiden, und waren dafür von »Lissabon«, das den Kampf bis zum Sieg geführt wissen wollte, gemaßregelt worden.

setzte er sich – wie Manuel Serra und andere Offiziere – ins nordafrikanische Exil ab.In Algier gründeten sie die »Portugiesische Front zur Nationalen Befreiung«[19] FPLN. Diese betrieb einen eigenen Radiosender. Humberto Delgado wurde 1965 in der Nähe der spanisch-portugiesischen Grenze tot aufgefunden. Es gab Anzeichen, dass er von der Geheimpolizei PIDE in eine Falle gelockt und ermordet worden war. Seine Familie beauftragte Mário Soares als Rechtsanwalt mit der Aufklärung der Todesumstände.

Reorganisation und Offensive der Portugiesischen Kommunistischen Partei

Nach vielen Rückschlägen machte sich zu dieser Zeit auch die Untergrundarbeit der KommunistInnen bemerkbar. 1960 organisierte die illegale Leitung der PKP eine erste erfolgreiche Fluchtaktion. Mehrere Führungskader entkamen nach langen Jahren der Haft aus der Festung Peniche. Unter ihnen befand sich der Generalsekretär der Partei, Álvaro Cunhal. Er fand Aufnahme im osteuropäischen Exil. Cunhal hatte maßgeblichen Anteil an der Reorganisation der Partei in den 1940er Jahren gehabt. Er war seither der führende Kopf der PKP und blieb es auch nach seiner Verhaftung 1949. Im Gefängnis widerstand er wie zahlreiche andere gefangene KommunistInnen der Folter.[20] In den Jahren der Haft – er war acht Jahre lang in

---

19 Frente Portuguesa de Libertação Nacional

20 Es wird berichtet, er sei brutal misshandelt worden, u. a. um über einen Schlüssel Auskunft zu geben, den er bei sich trug. Nachdem die Folterer von ihm abließen, ohne dass er geredet hatte, sagte er ihnen, dass der Schlüssel zu einer Schreibtischschublade gehöre, die sie bei seiner Verhaftung aufgebrochen hatten. Die Flucht aus der Festung Peniche war eine penibel vorbereitete waghalsige Aktion, bei der niemand zu Tode kam oder verletzt wurde. Es war gelungen, einen Wachposten einzubeziehen, ein weiterer wurde mit Äther betäubt. Nachdem die Gefangenen zur Festungsmauer vorgedrungen waren, mussten sie sich etwa zehn Meter tief abseilen und dann aus

isolierter Einzelhaft – beschäftigte er sich mit den Eigentums- und Klassenverhältnissen im Land und analysierte insbesondere die Agrarfrage. Seine Überlegungen setzte er nach seiner Flucht in der Vorbereitung des VI. Parteitags der Partei um, der 1965 in Kiew stattfand. Das dort verabschiedete Programm für eine »nationale demokratische Revolution mit Kurs auf den Sozialismus« hatte den Titel »Rumo à vitória« (Kurs auf den Sieg).

Cunhal war gegenüber der Politik der sozialistischen Länder immer loyal, doch weigerte er sich, die nationale Strategie seiner Partei an die außenpolitische Linie der Sowjetunion und die Empfehlungen von Bruderparteien anzupassen und – wie z. B. vom Generalsekretär der KPdSU Nikita Chruschtschow nahegelegt – auf einen allmählichen Lockerungsprozess der Diktatur im Rahmen der friedlichen Koexistenz der Gesellschaftssysteme zu setzen. Auch die These des spanischen KP-Führers Santiago Carillo, erst müsse in Spanien die Franco-Diktatur fallen, bevor auch in Portugal eine Transformation möglich sei, wies er zurück.

Die PKP orientierte ihre Kader auf den Sturz der Diktatur. Sie ging davon aus, dass das Regime nicht durch einen Putsch oder eine Palastrevolte von Generälen fallen werde, sondern nur im Ergebnis einer breiten Mobilisation der Massen der arbeitenden Bevölkerung im Bündnis mit progressiven kriegsmüden Soldaten und oppositionellen Offizieren der Armee. Ihr Ziel war eine »antifaschistische, antimonopolistische, antikolonialistische Revolution«. Die Kader der Partei sollten in der ArbeiterInnenbewegung und in Kontakt mit allen Sektoren der Opposition im Land, in den Kolonien und im Exil auf die Be-

beträchtlicher Höhe von einer Klippe ins kalte Meerwasser springen, in der Hoffnung, dass – wie geplant – ein Fischerboot sie aufnehmen würde. Die Flucht gelang, auch weil auf die Fischer von Peniche Verlass war. Die Zeichnung des Fluchtweges ist heute im Museum der Festung zu besichtigen.

endigung des Krieges und den Sturz der Diktatur hinwirken und dabei ein Bündnis für eine antifaschistische nationale demokratische Umgestaltung der Gesellschaft schließen, was als erster Schritt auf dem Weg zum Sozialismus betrachtet wurde. Ein Kern dieser »demokratisch-nationalen« Revolution war die Beseitigung der Macht der portugiesischen Großkapitalisten und Großgrundbesitzer und das Bündnis der ArbeiterInnenbewegung mit den »nichtmonopolistischen« Klassen und Schichten. Das Programm entsprach formal gleichsam zeitversetzt der antifaschistischen Komintern-Strategie seit dem VII. Weltkongress, war aber keine abstrakte Kopie, sondern an eine Analyse der ökonomischen, politischen und sozialen Situation Portugals, der Lage in den Kolonien und der Klassenverhältnisse angepasst. Zu den programmatischen Zielen der PKP gehörte die Forderung nach Beendigung des Kolonialkrieges und sofortiger bedingungsloser Unabhängigkeit der Kolonien. Die Partei verstand sich als antiimperialistische Kraft und verurteilte die Unterstützung der NATO für das Regime und den Krieg.

1961 hatte eine weitere Gruppe von PKP-Kadern einen erfolgreichen Ausbruch aus dem Zuchthaus Caxias organisiert. Diese Aktionen zeigten allen, die davon erfuhren, dass der Gewaltapparat der Diktatur nicht unüberwindbar war.[21] Die Kommunisten von Caxias setzten einen besonderen Akzent. Sie benutzten für ihren Ausbruch eine gepanzerte Luxuslimousine, die Salazar als Geschenk von Hitler erhalten hatte.

---

21 Im selben Jahr kaperte Henrique Galvão, ein dissidenter Offizier, den Luxusdampfer »Santa Maria« und kreuzte mehrere Wochen über den Atlantik, um die Lage in Portugal und in den Kolonien vor der Weltöffentlichkeit anzuprangern. Einem anderen ehemaligen Offizier, dem Gründer der Widerstandsgruppe LUAR (Liga da Unidade da Acção Revolucionária – Liga der Revolutionären Aktionseinheit), Herminio da Palma Inácio, gelang es, sozusagen vor den Augen der PIDE, ein Flugzeug zu kapern. Er überflog Lissabon im Tiefflug und warf Flugblätter ab. Anschließend ging er ins Exil.

In den folgenden Jahren bauten die Parteikader ihre illegalen Stützpunkte im Land, die »casas clandestinas«[22], systematisch aus. Es gelang, eine große Zahl von TagelöhnerInnen auf den Latifundien des Alentejo und Ribatejo zu organisieren. 1962 erkämpften sie mit einem Streik den Acht-Stunden-Tag.[23] *Avante!* und andere Parteimaterialien wurden regelmäßig herausgebracht und waren fest in der ArbeiterInnenbewegung des Zentrums und des Südens verankert. Die PKP verweist mit Stolz darauf, dass *Avante!* seit den 1940er Jahren trotz aller Rückschläge kontinuierlich erschien und die zahlreichen Widerstandsaktionen dokumentierte, über die das Regime den Mantel des Schweigens breiten wollte.

Rebellion der Jugend und politisches Exil

1962 protestierten Studierende an der Lissabonner Universität gegen die Studienbedingungen und veraltete Lehrinhalte. Das Regime reagierte mit der Besetzung der Universität durch Polizeitruppen, mit Verhaftungen, Misshandlungen und Maßregelungen. Die Reaktion des Staatsapparates hielt auch der Rektor der Universität und spätere Salazar-Nachfolger Marcello Caetano für unangemessen und legte sein Amt nieder. Der StudentInnenprotest war seither nicht mehr dauerhaft zu unterdrücken.

An den Universitäten wuchs mit der Ausdehnung des Kolonialkriegs die Kritik. Je mehr junge Leute die Armee für den Einsatz in Afrika rekrutierte, umso größer wurde die Zahl jener, die sich dem Kriegsdienst zu entziehen suchten. Mit der wachsenden Zahl von Deserteuren und politischen EmigrantInnen wurden seit Mitte der 1960er Jahre neben Paris und Algier auch

---

22 Der Roman »Bis morgen, Genossen« von Álvaro Cunhal, erschienen unter dem Pseudonym M. Tiago, gibt einen Eindruck von der Arbeit der KommunistInnen in der Illegalität.

23 Einen Einblick in das Leben und die politischen Kämpfe im Alentejo vermittelt der Roman »Hoffnung im Alentejo« des portugiesischen Literaturnobelpreisträgers José Saramago (1922–2010).

Rom, Berlin (DDR), Prag und andere europäische Städte zu Treffpunkten für portugiesische Oppositionelle und linke westeuropäische und afrikanische Gruppierungen der antikolonialen Solidaritätsbewegung.

Zu den AktivistInnen des Exils gehörten mehrere politische Weggefährten von Mário Soares aus den 1950er Jahren. Soares hatte sich seit seiner Distanzierung von der Kommunistischen Partei immer wieder bemüht, im Land eine eigenständige sozialdemokratische oder sozialistische Strömung aufzubauen. Doch angesichts des Verfolgungsdrucks blieb dies erfolglos. Nach der Ermordung Humberto Delgados wurde Soares als Anwalt von dessen Familie über Portugal hinaus bekannt und nutzte dies, um sein Vorhaben vom Ausland aus zu realisieren. 1964 gründete er mit politischen Freunden in Genf die »Sozialistische Aktion« ASP[24], Vorläuferin der späteren Sozialistischen Partei (SP)[25] und beantragte mit Erfolg ihre Aufnahme in die Sozialistische Internationale.

1965 ließ sich Soares bei den turnusgemäßen Scheinwahlen zur »Nationalversammlung« als Lissabonner Kandidat einer Einheitsliste von Einzelpersönlichkeiten aufstellen, die das gesamte Spektrum der Opposition – Kommunisten, Sozialisten der Zeitschrift »Seara Nova«, linke Katholiken und Republikaner – repräsentierte. Im selben Jahr wurde er verhaftet und auf die Insel São Tomé verbannt.

Salazars Ablösung durch Marcello Caetano 1968: Ein Anpassungsversuch als »Evolution in der Kontinuität«

1968 erlitt Salazar einen Schlaganfall, von dem er sich nicht mehr erholte. Der Staatspräsident berief Marcello Caetano zum Nachfolger im Amt des Ministerpräsidenten. Dieser galt schon

---

24 Acção Socialista Portuguesa

25 Die Sozialistische Partei (portugiesisch: Partido Socialista / PS) wurde 1973 mit Unterstützung der SPD in den Räumen der Friedrich-Ebert-Stiftung in Bad Münstereifel gegründet.

lange als potentieller Nachfolger des Diktators. Er hatte maßgeblich an der Ausarbeitung der Verfassung des »Estado Novo« mitgearbeitet und war schließlich zum Staatsminister in unmittelbarer Nähe zu Salazar aufgerückt. Das Misstrauen Salazars gegen potentielle Konkurrenten soll einer der Gründe gewesen sein, weshalb Caetano in den 1950er Jahren aus dem Machtapparat ausschied. Er wurde Rektor der Lissabonner Universität. Nach seinem Rücktritt von diesem Amt 1962 hatte er das Image eines eher moderaten Salazaristen.

Als Nachfolger des Diktators kam ihm nun die Aufgabe zu, zwischen den Fraktionen der Oligarchie zu vermitteln. Er kündigte an, er werde für »Entwicklung in Kontinuität« (»evolução em continuidade«) sorgen. Als ein Zeichen für mehr Liberalität hob er die Verbannung von Mário Soares auf und ermöglichte dem Erzbischof von Porto die Rückkehr aus dem italienischen Exil. Anders als Salazar, der die Öffentlichkeit mied, trat Caetano regelmäßig im Fernsehen auf und sorgte für eine Lockerung der Vorzensur der Zeitungen. Die Geheimpolizei PIDE ließ er unangetastet, gab ihr aber einen neuen Namen: »Generaldirektion für Sicherheit« DGS[26].

Caetano versprach, die nächste, 1969 zu wählende Nationalversammlung werde über Verfassungsänderungen beschließen. Er benannte die Staatspartei in »Nationale Volksaktion« ANP[27] um und bot sowohl Mário Soares als auch einer Gruppe von Liberalen um den Rechtsanwalt Sá Carneiro an, als Fraktion mitzuarbeiten. So entstand die »ala liberal« (der liberale Flügel), Kern der späteren Demokratischen Volkspartei PPD[28]. Caetano hatte dieser Gruppe zugesichert, sie könne in der Nationalversammlung eine offene Diskussion über Verfassungsänderungen führen und eigene Gesetzesprojekte einbringen.

26 Direcção Geral de Segurança

27 Acção Nacional Popular

28 Partido Popular Democrático, heute Partido Social Democrata, PSD

Mário Soares lehnte das Angebot ab. Er forderte die Zulassung politischer Parteien und wollte die Scheinwahlen für sein eigenes politisches Projekt nutzen. Am restriktiven Wahlrecht der Salazarzeit hatte sich nichts geändert. Immer noch durften nur die schreibkundigen Männer sowie Frauen mit Hochschulreife wählen, konkurrierende politische Parteien blieben verboten, öffentliche Debatten über den Kolonialkrieg wurden gewaltsam unterbunden. Allerdings konnten oppositionelle Wahlkommissionen drei Monate vor dem Wahltermin eigene Listen aufstellen, Kandidatenbüros eröffnen und Veranstaltungen organisieren.

In einem Manifest formulierte die ASP Bedingungen für einen Dialog über die Modernisierung Portugals, forderte Organisations- und Aktionsfreiheit für alle politischen Kräfte und die Beendigung des Machtmonopols der Staatspartei. Durch eine Abgrenzung vom Sozialismus sowjetischer Prägung hoffte sie auf Akzeptanz durch das Regime.

Soares verhinderte 1969 einen gemeinsamen Wahlauftritt aller oppositionellen Kräfte. Er organisierte in Lissabon, Porto und Braga neben den Wahlvorschlägen der Einheitskomitees CDEs[29] eine zweite oppositionelle Liste, den »Wahlausschuss der Demokratischen Einheit« CEUD[30], dessen Programm sich inhaltlich nicht von dem der CDEs unterschied. Diese Spaltung der Opposition – ein Test für eine Opposition ohne Kommunisten – brachte ihm den Vorwurf ein, er spekuliere auf eine »Vorzugslegalität« für seine Gruppe. Doch die Wahlveranstaltungen beider Listen wurden gleichermaßen von der Geheimpolizei kontrolliert und behindert. Die Opposition konnte wieder keinen einzigen Kandidaten durchbringen, aber immerhin die Forderungen nach freien Wahlen, Organisations- und Versammlungsfreiheit und freien Gewerkschaften propagieren und Kritik an der Ko-

---

29 Commissões Democráticas Eleitorais aus – wie Soares selbst formulierte – »linkeren Katholiken, Kommunisten und Progressiven«

30 Commissão Eleitoral da Unidade Democrática, gegründet von der Soares-Gruppe und einigen ihm nahe stehenden Katholiken

lonialpolitik öffentlich machen. Zwei Monate nach den Wahlen kam es zu Verhaftungen oppositioneller Kandidaten, die Büros der Wahlkommissionen wurden geschlossen.

Anfang 1970 legte Caetano ein Regierungsprogramm vor, das den Modernisierungsplänen des spanischen »Opus Dei« ähnelte. Er berief einige reformorientierte Ökonomen in die Ministerien für Planung, Handel und Industrie. In wirtschafts- und industriepolitischen Fachdebatten vertraten diese ein Konzept, das auf die Einführung moderner Managementmethoden und Prinzipien der Unternehmensführung abstellte. Im Umgang mit der ArbeiterInnenbewegung kannte das Regime unverändert nur Polizeigewalt, Verhaftung und Folter als Antwort auf die immer wieder aufflammenden Streiks. Parallel dazu sollte nun ein rechtliches Instrumentarium geschaffen werden, um die Militanz und Unkalkulierbarkeit der Massenaktionen zu integrieren und zu mäßigen. Als einen ersten Schritt in diese Richtung beschloss die Regierung 1970 eine Änderung des Arbeitsstatuts. Die Nationalen Syndikate erhielten das Recht, eigene Kandidaten für ihre Leitungsgremien ohne vorherige Genehmigung durch das Korporationsministerium aufzustellen. Dem Ministerium blieb allerdings unbenommen, im Nachhinein missliebige Funktionäre wieder abzusetzen.

Auf dem rechten Flügel des Salazarismus rief die Einbeziehung der Reformer, die dem Regime Rückständigkeit, Immobilismus, Protektionismus vorwarfen und von einer Modernisierung der Agrarpolitik sprachen, Misstrauen und Skepsis hervor. Die Alt-Salazaristen formierten sich nun auch als Fraktion, übten Druck auf Caetano aus und drohten mit einem Militärputsch von rechts. Der Ministerpräsident gab nach und entließ die Wirtschaftsexperten aus den Ministerien. Diese gründeten 1970 einen industriepolitischen »Thinktank«, die »Gesellschaft für Ökonomische und Soziale Entwicklung« SEDES.[31] In Arbeits-

31 Sociedade pelo Desenvolvimento Económico e Social

gruppen und Kolloquien popularisierten sie nun ihre Ideen vor portugiesischen Industriellen und interessierten Fachleuten. Ihr publizistisches Organ war die Wochenzeitschrift *O Expresso*. Sie boten sich auch als potentielle Bündnispartner für die Europäische Gemeinschaft an.

Als 1971 die Debatte um die angekündigte Verfassungsreform in der Nationalversammlung begann, hatte die Regierung alle Reformpläne bereits aufgegeben. Auch die Toleranz gegenüber der »ala liberal« in der Nationalversammlung endete, als deutlich wurde, dass die Liberalen einen westeuropäischen Parlamentarismus einführen wollten. Als die Alt-Salazaristische Fronde begann, die Liberalen zu attackieren und zu blockieren, zogen diese sich aus der Nationalversammlung zurück.

Der neokolonialistische Modellversuch des Generals António de Spínola in Guinea-Bissau (1969–1973)

Caetano unterstützte unmittelbar nach seinem Amtsantritt das Experiment des Generals António de Spínola, in Guinea-Bissau den Übergang zu einer portugiesischen Variante des Neokolonialismus und neue Wege der Aufstandsbekämpfung zu erproben. Es war beabsichtigt, das Experiment später auf die anderen Kolonien auszudehnen und die »Überseeprovinzen« in »autonome plurirassiale Staaten« eines lusitanischen »Commonwealth«[32] umzuwandeln.

Der General war mit der Tochter eines Finanzmagnaten und Industriellen verheiratet und gehörte selbst zu den Superreichen der »meia duzia«. Inspiriert war sein Plan wohl auch von US-Militärberatern, die in Indochina die Strategie der »Vietnamisierung« des Krieges verfolgten. In Absprache mit den Repräsentanten der portugiesischen Finanzgruppe Espírito Santo suchte Spínola Kontakte zu guineischen Bevölkerungs-

32 Vorbild war der gleichnamige Zusammenschluss der ehemaligen britischen Kolonien.

gruppen und zum gegnerischen PAIGC[33], präsentierte sich als paternalistischer Wohltäter und versprach Privilegien, mit dem Ziel, ein portugalfreundliches Marionettenregime zu schaffen, das künftig die Befreiungsbewegung niederhalten sollte. Die portugiesischen Truppen in Guinea wurden entsprechend der »Counter Insurgency«-Methoden der US-Armee in psychologischer Kriegsführung geschult und studierten zu diesem Zweck auch die Argumente und Positionen ihrer Gegner.

Zugleich ging die Armee mit aller militärischen Härte daran, die bewaffnete Gegenwehr zu beseitigen oder wenigstens einzudämmen. So wurden Dörfer in den vom PAIGC befreiten Gebieten zerstört. Ein Luftkrieg mit Napalmbomben kostete viele Opfer und vernichtete die Lebensgrundlagen der Landbevölkerung in weiten Gebieten. Durch einen militärischen Überfall auf den Nachbarstaat Guinea-Konakry sollte dem PAIGC der Rückzugsraum genommen werden. Sein Präsident Amilcar Cabral wurde ermordet. Doch gelang es Spínola weder, den PAIGC zu zerstören, noch in nennenswertem Ausmaß Überläufer oder Kollaborateure zu gewinnen. Der Versuch, den Krieg zu »afrikanisieren«, scheiterte. 1972 erklärte die Befreiungsbewegung für die befreiten Gebiete einseitig die nationale Unabhängigkeit. 1973 wurde Guinea-Bissau als erste der portugiesischen Kolonien von zahlreichen Staaten anerkannt und in die UNO aufgenommen.

General Spínola kehrte nach Lissabon zurück und wurde zum stellvertretenden Generalstabschef befördert. Der Verlust des an Ressourcen armen Guinea-Bissau war – anders als Angola und Mosambik – für die »meia duzia« ökonomisch zu verkraften. Mit Wissen Caetanos und nach Absprache mit dem Generalstabschef Francisco da Costa Gomes veröffentlichte Spínola im Februar 1974 das Buch »Portugal und die Zukunft«. Darin

---

33 Ich benutze bei portugiesischen Abkürzungen den portugiesischen Genus, deshalb: *der* PAIGC.

legte er sein Konzept zur Rettung der verbliebenen »Überseeprovinzen« dar. Nun sollten in Angola und Mosambik Partner für eine politische Lösung nach seiner Vorstellung gefunden werden, die einen Waffenstillstand mit der portugiesischen Armee schließen und in einer Übergangzeit von zehn Jahren eine gemeinsame Verwaltung aus »Weißen« und »Farbigen« bilden würden, ohne die wirtschaftlichen und gesellschaftlichen Verhältnisse grundlegend zu verändern. Danach sollte die Bevölkerung in einem Referendum »unter allen Rassen« über den Grad der Unabhängigkeit von der Metropole abstimmen.

Für die Alt-Salazaristen im Oberkommando, angeführt von General Kaúlza de Arriaga[34], war bereits der inoffizielle Verzicht auf Guinea-Bissau Verrat. Sie gingen davon aus, dass die portugiesischen Positionen nur durch die Fortsetzung des Krieges bis zur militärischen Niederlage der Befreiungsfronten zu halten waren. Andernfalls drohe der Absturz in die Bedeutungslosigkeit, die Begrenzung auf ein Restportugal, das zu einem kleinen Rechteck auf der Landkarte Europas schrumpfen werde.

Interessen in den Kolonien

Die Kriegsfraktion wurde durch politisch aktive portugiesische SiedlerInnen in den Kolonien bestärkt, die sich nicht mehr ausreichend von der portugiesischen Armee verteidigt sahen. Sie bildeten bewaffnete Milizen, setzten auf militärische Unterstützung durch Südafrika und Rhodesien und drohten mit einer »weißen« Unabhängigkeit von Portugal in enger Anlehnung an diese Nachbarn. Die Kriegsgeneräle vertrauten weiter auf die NATO-Interessen an der sogenannten Südflanke, schmiedeten Pläne für eine Südatlantische Verteidigungsgemeinschaft (»SATO«) mit Brasilien, Südafrika und Rhodesien und sahen in den großen multinationalen Investitionsvorhaben des Cabora-

---

34 Er hatte den Beinamen »Schlächter von Angola« oder auch »portugiesischer Pinochet« nach dem chilenischen Putschgeneral.

Bassa- und des Cunene-Staudamms eine reale Chance für eine neuerliche Festigung portugiesischer Interessen im Windschatten der Großmächte und Großinvestoren.

In den internationalen Konsortien, die die Staudamm-Projekte planten und die infrastrukturellen Vorarbeiten finanzierten und realisierten sowie in der NATO-Führung dachte Anfang der 1970er Jahre noch niemand daran, Angola und Mosambik den marxistisch orientierten Befreiungsbewegungen zu überlassen. Sowohl die NATO als auch die portugiesischen Alt-Salazaristen und Südafrika, aber auch Spínola setzten darauf, dass die Bewegungen, die in Angola und Mosambik für die vollständige Unabhängigkeit kämpften, ihre Ziele nicht erreichen würden.

Die internationale Öffentlichkeit und der Kolonialkrieg

In der internationalen Öffentlichkeit vergrößerte sich jedoch allmählich der Kreis derer, die sich von der portugiesischen Militärstrategie in den Kolonien und von den NATO-Aktivitäten im südlichen Afrika distanzierten. Solidaritätskomitees, kirchliche und weltliche studentische »Afrika-Gruppen« in zahlreichen westeuropäischen Ländern unterstützten die Befreiungsbewegungen mit Aufklärungs- und Solidaritätskampagnen. Das sozialdemokratisch regierte Schweden wandte sich als erstes gegen das Cabora-Bassa-Projekt und zog Bürgschaften für beteiligte schwedische Firmen zurück. Dem Ausstieg des schwedischen Kapitals aus dem Cabora-Bassa-Projekt folgten italienische Firmen. Dies waren Signale dafür, dass die Afrikapolitik Portugals und der NATO vielleicht doch nicht weiterführte. Die antikolonialistische Solidarität erhielt weitere Nahrung durch neuerlichen Protest von Kirchenvertretern. Die Aufdeckung eines Massakers im Dorf Wyriamu in Mosambik, begangen von Truppen der portugiesischen Armee an DorfbewohnerInnen, aufgedeckt von protestantischen Missionaren aus Großbritannien und vor der internationalen Presse angeprangert, alarmierte die Weltöffentlichkeit. Eine diplomatische Offensive des portugiesischen Ministerpräsidenten mit einer Auslandsreise 1973 wurde zum Fehlschlag: Die Enthüllungen des britischen Paters Hastings über den Massenmord in Mosambik zogen eine Parlamentsdebatte im britischen Unterhaus nach sich, und Caetano fand nicht die Unterstützung, auf die er gehofft hatte.

In Mosambik hatte 1973 die FRELIMO eine neue Offensive in der Provinz Tete, der Cabora-Bassa-Region gestartet, um zu demonstrieren, dass sie den Staudammbau als feindliches Projekt betrachtete und weiter entschlossen war, ihn zu zerstören. In Angola konsolidierte der MPLA seine Positionen. Mit den neuerlichen Offensiven zerschlugen sich alle Hoffnungen auf einen Waffenstillstand unter portugiesischer Vorherrschaft.

Militante Aktionen gegen den Krieg

Auch in Portugal selbst nahmen die Aktionen und Proteste gegen den Kolonialkrieg weiter zu und wurden radikaler. Aufmerksamkeit erregte eine Mahnwache von Priestern und Laien in einer Lissabonner Kapelle. Als die Polizei die Gläubigen mit Gewalt aus der Kirche heraus verhaftete, löste dies neuerliche Proteste aus.

Die Guerillagruppe »Revolutionäre Brigaden« BR[35] und die LUAR verübten 1971 Anschläge auf Militäreinrichtungen der Armee und der NATO. Sie vernichteten Einberufungskarteien und verübten Sabotage an Kriegsmaterial. Die PKP hatte 1969 einige Kader damit beauftragt, eine selbständige bewaffnete Gruppe aufzubauen, die »Bewaffnete Revolutionäre Aktion« ARA[36]. Dieser gelang es, während einer NATO-Ratstagung in Lissabon zahlreiche Hubschrauber, Waffen und anderes Kriegsmaterial auf einer Militärbasis zu zerstören.

35 Brigadas Revolucionárias
36 Acção Revolucionária Armada

In den letzten Jahren der Diktatur verfestigte sich innerhalb breiter Kreise der Opposition die Überzeugung, dass der Krieg nur durch einen gewaltsamen Umsturz zu beenden war. Als im Dezember 1973 ein Putschplan Kaúlza de Arriagas von Offizieren aufgedeckt und öffentlich gemacht wurde, war dies für alle Militärs bis in die Reihen der oberen Hierarchie, die auf der Suche nach einer politischen Lösung des Krieges waren, ein Signal, dass es an der Zeit war, aktiv werden.

1973/1974: Die Tage Caetanos sind gezählt

1973 war für keines der Probleme des Regimes eine Lösung in Sicht. Das immer größer werdende Zahlungsbilanzdefizit wurde nur noch durch die laufenden Devisenüberweisungen der MigrantInnen und durch die Einnahmen aus dem Tourismus gemildert. Knapp die Hälfte des Budgets ging in den Kolonialkrieg. Die vermögenden Familien überwiesen ihre Profite auf Auslandskonten oder legten sie im internationalen Aktiengeschäft an. Auch die Großgrundbesitzer transferierten ihre Gewinne aus Bodenspekulation und Tourismusgeschäften ins Ausland oder verwandten sie für ihren luxuriösen Lebensstil. Portugal stand wieder einmal kurz vor dem Staatsbankrott. Der Krieg forderte immer mehr Opfer und war in der Bevölkerung verhasst. Gleichzeitig explodierten die Preise und trotz Erfolgen bei Lohnkämpfen nahm die Armut weiter zu.

Der Ministerpräsident war unter dem Druck der Ereignisse mehr und mehr zum ausführenden Organ der »Afrikaner« und der Salazaristen geworden. Die nach dem reformierten Arbeitsstatut von 1970 gewählten Gewerkschaftsführer wurden abgesetzt, wenn sie Lohnkämpfe organisierten. Doch das Instrumentarium des Zwangsapparates hatte seine Wirksamkeit eingebüßt. In den Arbeitskämpfen waren seit 1972 unabhängige betriebliche ArbeiterInnenkommissionen entstanden, dreizehn Gewerkschaften unter unabhängiger Leitung hatten sich 1973 zur Zentrale »Intersindical« zusammengeschlossen, die

Nationalen Syndikate hatten ihre befriedende und disziplinierende Rolle ausgespielt.

1973 fanden wieder »Wahlen« zur Nationalversammlung statt. Dieses Mal trat die Opposition vereint auf der Liste der CDEs an und führte während des Wahlkampfes in der Stadt Aveiro den dritten Kongress der demokratischen Opposition durch. Dort wurden die Grundzüge eines Programms zur Erneuerung und Demokratisierung Portugals erarbeitet. Hier zeigte sich, dass nicht nur die SEDES-Gruppe die Diskussion um wirtschaftspolitische Alternativen führte. In linken universitären Zirkeln, unter Intellektuellen in Portugal und im Exil wurde über Entwicklungsstrategien nachgedacht, die das Land von Armut und Unterentwicklung befreien könnten. Linke sozial- und kulturwissenschaftliche Zeitschriften wie *Análise Social* oder *Seara Nova* publizierten Ergebnisse von Studien zur Wirtschafts- und Sozialstruktur, zur Agrarfrage und zum Kolonialismus. Linkskatholische, marxistische, sozialistische und antikolonialistische Intellektuelle sowie AnhängerInnen von Genossenschaftskonzepten waren inspiriert von den westeuropäischen StudentInnenbewegungen, dem französischen »Mai 1968«, den Kämpfen der französischen und italienischen ArbeiterInnen, dem »programme commun« der Kommunistischen und der Sozialistischen Partei Frankreichs (1972) und den Ideen der afrikanischen Befreiungsbewegungen und brachten ihre Vorstellungen auch auf dem Kongress in die Arbeitsgruppen ein.

Die Zuspitzung in der Armee

In der Armee wuchs die Unruhe. Offenkundig unrealistische Kriegsziele und eine weltfremde, überhebliche Ideologie zur Rechtfertigung des Krieges standen in krassem Widerspruch zur erlebten sozialen Realität sowohl in Afrika als auch in Portugal selbst. Gewalterfahrungen traumatisierten die jungen Soldaten, die als Verwundete und psychisch Kranke in die Heimat zurückkehrten. Das Oberkommando hatte immer größere Schwierigkeiten, Offiziersnachwuchs zu rekrutieren. Die Söhne der Oligarchie zogen Karrieren in der Wirtschaft der Offizierslaufbahn vor. In Schnellkursen wurden nun Hochschulabsolventen aus dem Kleinbürgertum zu »Milizsoldaten« (milicianos) ausgebildet und den Berufsoffizieren gleichgestellt. Die lang gedienten Laufbahnoffiziere betrachteten diese Entscheidung als Missachtung ihrer Position und schlossen sich im März 1973 zur »Bewegung der Hauptleute« (Movimento dos Capitães) zusammen. Sie sammelten an zahlreichen Standorten 200 Unterschriften unter eine Petition an das Verteidigungsministerium und die Armeeführung, in der sie die Rücknahme des Beschlusses forderten. Doch entwickelte die Bewegung bald eine Dynamik, die über berufsständische Ziele hinausreichte und auch den Gegensatz zu den »milicianos« in den Hintergrund rückte.

Durch die putschistischen Ambitionen der Kriegsfraktion um General Kaúlza de Arriaga politisierte sich die »Bewegung der Hauptleute« sehr rasch. Anfang 1974 erweiterte sich die Gruppe um Angehörige auch höherer Ränge zur Offiziersbewegung (MOFA)[37]. Ihre Mitglieder einte die Überzeugung, dass der Kolonialkrieg nur zu beenden war, wenn die Diktatur durch eine militärische Erhebung beseitigt würde. Die Veröffentlichung von »Portugal und die Zukunft« bestärkte die Offiziere darin, dass General Spínola und Generalstabschef Francisco da Costa Gomes es auf eine Machtprobe anlegten. Tatsächlich provozierten beide den offenen Bruch mit dem Regime. Im Februar 1974 versicherten die Kriegsgeneräle Caetano in einem demonstrativen Akt öffentlich ihre Loyalität für die Weiterführung des Krieges. Der Generalstabschef und sein Stellvertreter blieben dieser Veranstaltung demonstrativ fern, wohl wissend, dass sie die Mehrheit des Offizierskorps und der Soldaten auf ihrer Seite hatten, und wurden erwartungsgemäß ihrer Ämter enthoben.

---

37 Movimento dos Officiais das Forças Armadas – Bewegung der Offiziere der Streitkräfte

Daraufhin kam es am 16. März 1974 zu einer militärischen Protestaktion. Ein nördlich von Lissabon stationiertes Regiment verließ die Kaserne zu einem Marsch auf Lissabon, um die Wiedereinsetzung der Generäle zu fordern. Regimetreue Truppen stoppten die Rebellen. Kurz darauf trafen sich Aktivisten der Offiziersbewegung erneut. Als Vertreter der höheren Ränge nahm daran Oberst Vasco Gonçalves teil. Nunmehr konstituierte sich die Gruppe als »Bewegung der Streitkräfte« MFA[38] und beschloss, unverzüglich mit den Vorbereitungen für den Umsturz zu beginnen. Sie beauftragten Major Otelo Saraiva de Carvalho – er hatte die Aktion der Hauptleute in Guinea-Bissau mitorganisiert – mit der operativen Planung der Militäraktionen. Hauptmann Melo Antunes erarbeitete den Entwurf für ein politisches Programm. Vasco Gonçalves sollte als ranghöchster Offizier den Kontakt zu Spínola und Costa Gomes herstellen und ihnen das Programm der Bewegung vorstellen.

Das Zweckbündnis Spínola – MFA

Die Offiziere waren mit Spínola darin einig, dass der Krieg beendet werden musste und dass dies nur zu erreichen war, wenn Caetano abgelöst und die Kriegsgeneräle entmachtet würden. Die darüber hinausgehenden Teile ihres Programms unterschieden sich allerdings von seinen Vorstellungen. Der MFA wollte in Übereinstimmung mit der zivilen demokratischen Opposition eine parlamentarisch-demokratische Verfassung, freie Wahlen, politische Parteien, freie Gewerkschaften und eine Wirtschafts- und Sozialpolitik »im Interesse der am meisten benachteiligten Klassen des Volkes« (so stand es in ihrem Dokument). Spínola dagegen sah sich an der Spitze eines autoritären Präsidialregimes. Als sein Vorbild betrachtete er den ehemaligen französischen Präsidenten und General de Gaulle. Die Offiziere

38 Movimento das Forças Armadas

wollten die sofortige nationale Unabhängigkeit der Kolonien, während Spínola dies vermeiden wollte.

Der MFA brauchte die Generäle Spínola und Costa Gomes, um den Erfolg seiner Militärerhebung abzusichern und bewaffnete Konfrontationen möglichst zu vermeiden. Spínola wollte mithilfe der oppositionellen Offiziere an die Macht.

Die Allianz der Aprilrevolution

Folgende Gruppierungen agierten in der politischen Situation 1973/74:

- Die »ala liberal« und die SEDES-Gruppe als Vertreter des liberalen Bürgertums und General Spínola.
- Die Sozialistische Partei; ihr Führer Mário Soares hatte aus den Erfahrungen mit dem Caetano-Regime 1969 die Überzeugung gewonnen, dass ein allmählicher Übergang zu modernen, westeuropäischen demokratischen Verhältnissen nicht zu erwarten war. Nach dem gescheiterten Versuch, sich mit separaten Wahlkommissionen zu profilieren, hatte die SP Anfang 1970 aus taktischen Erwägungen ihre antikommunistische Abgrenzungspolitik zurückgestellt und eine Vereinbarung mit der PKP getroffen.
- Die Kommunistische Partei unter Führung von Álvaro Cunhal; sie arbeitete seit den 1960er Jahren auf den Sturz der Diktatur hin und ging davon aus, dass das Regime nur durch eine Verbindung von Volkserhebung und militärischer Erhebung fallen werde. Ihr Ziel war es, das Bündnis aller antidiktatorischen Kräfte nach dem Sturz der Diktatur fortzusetzen.
- Der MFA; er hatte sich als Protagonist der Militärerhebung formiert. Sein Programm mit den drei Hauptzielen »Demokratisieren, Entkolonisieren, Entwickeln« und dem expliziten Bezug auf die sozialen Rechte der Unterklassen bündelte die Ziele aller Sektoren der demokratischen Opposition.

- Die ArbeiterInnenkommissionen und die in der Intersindical zusammengeschlossenen Gewerkschaften; sie besaßen die Fähigkeit, die ArbeiterInnen der Industriegebiete und der Latifundienregion im Alentejo wirkungsvoll zu mobilisieren; in vielen dieser Strukturen haben die nach Angaben der PKP etwa 3.000 klandestinen Kader der Partei gewirkt.
- Die Wahlkommissionen CDE; sie verfügten über eigene Organisationsstrukturen nicht nur in Lissabon und Porto, sondern auch in Provinzstädten wie Beja, Braga oder Aveiro.
- Außerhalb von SP und PKP verbleibende SozialistInnen der unterschiedlichen Richtungen, militante Stadtguerillagruppen, parteiunabhängige DemokratInnen, viele Intellektuelle, StudentInnen und KünstlerInnen; sie zählten sich zur sozialistischen oder demokratischen Opposition. Andere sympathisierten mit der LUAR oder hatten sich in Vereinigungen und Clubs zusammengeschlossen. Mehrere maoistische Gruppen, die untereinander zerstritten waren, hatten das Ziel, eine »nicht revisionistische« marxistisch-leninistische Partei des Proletariats aufzubauen.
- Die Befreiungsfronten in den Kolonien; sie zeigten sich entschlossen, bis zur vollständigen Unabhängigkeit und politischen Anerkennung weiter zu kämpfen.
- Als noch passiv abwartende potentielle Akteure im Hintergrund sind Teile der NATO-Führung, insbesondere die US-Regierung, einzustufen, deren Rückendeckung sich Spínola bereits vergewissert hatte, sowie die Sozialistische Internationale, die ein baldiges Ende der Diktatur nicht länger ausschloss und die SP für die Zeit nach Caetano als organisierte Alternative zur PKP unterstützte.

III.
Der 25. April 1974: Militär- und Volkserhebung und die Versuche, sie in eine Palastrevolte zu kanalisieren

Der Sturz der Diktatur

Die Militäraktion des MFA verlief nach einem minutiös ausgearbeiteten Plan, den Otelo de Carvalho an die verantwortlichen Offiziere übermittelt hatte. Er koordinierte alle Einsätze über Funk und Telefon und hörte auch die Kommunikation der Gegenseite ab. Kurz vor Mitternacht des 24. April begannen die ersten Operationen. Ein Lissabonner Sender spielte das Lied »E depois do adeus« als Startsignal für die Erhebung in drei Militärschulen. Dort wurden die Kommandeure verhaftet und die anwesenden Soldaten über die Ziele des MFA und die bevorstehenden Aktionen aufgeklärt. Kurz nach Mitternacht wurde über den Privatsender Radio Clube Português der Text des verbotenen Liedes »Grândola Vila Morena« des antifaschistischen Liedermachers José Afonso erst verlesen, dann abgespielt. Dies war das nun landesweit ausgestrahlte Signal für alle Beteiligten, nach Plan zu verfahren. Eine zentrale Rolle spielte eine Panzertruppe aus Santarem, die von dem Hauptmann Salgueiro Maia für die Rebellion gewonnen worden war. Ab drei Uhr morgens brach er mit 250 Mann nach Lissabon auf und umstellte dort das Regierungsviertel am Tejoufer. Seine Aktion hatte die Aufgabe, die regierungstreuen Truppen zu binden, während mit Spezialeinsätzen die Kontrolle des Flughafens, der Rundfunk- und Fernsehsender und die Entwaffnung der paramilitärischen Garden des Regimes und der PIDE übernommen werden sollten. Die Kommandozentralen der Militärregionen Lissabon und Nordportugal wurden in den frühen Morgenstunden kampflos eingenommen und alle Zufahrtsstraßen und strategischen Punkte der Hauptstadt besetzt. Eine Gegenaktion der regierungstreuen Truppen im Regierungsviertel endete unblutig. Überläufer verstärkten die Reihen der Rebellen. Eine unkalkulierbare Gefahr blieben die PIDE und die Nationalgarde GNR.

Caetano und einige Minister waren in das Hauptquartier der GNR geflüchtet. Die Truppen des Hauptmanns Maia wurden am späten Vormittag dorthin beordert, um Caetano zum Rücktritt zu zwingen. Eine Menschenmenge hatte sich vor der Kaserne versammelt. Hauptmann Maia stellte Caetano ein Ultimatum. Ab 17 Uhr werde gestürmt. Nach einer Maschinengewehrsalve auf die Fenster der Kaserne erklärte sich der Ministerpräsident bereit, die Macht an General Spínola zu übergeben. Dieser holte sich von Otelo de Carvalho telefonisch das Mandat des MFA und nahm den Rücktritt entgegen. Caetano und die bei ihm verbliebenen Minister verließen in einem Panzerwagen das GNR-Quartier, wurden auf die Insel Madeira ausgeflogen und unter Hausarrest gestellt. Sie setzten sich von dort ins Exil nach Brasilien ab, wo Caetano 1980 starb.

Innerhalb der Streitkräfte gab es keine nennenswerte Gegenwehr. Kommandeure, die sich den Aufständischen widersetzten, wurden entweder verhaftet oder sahen angesichts der Befehlsverweigerung ihrer Truppen keine Chance, gegen die Rebellion vorzugehen. Bald war klar, dass die Militärs auf breite zivile Unterstützung rechnen konnten.

General Spínola war durch seine Rolle bei der Kapitulation Caetanos zum Repräsentanten der Erhebung geworden.

Er gehörte dem MFA nicht an und betrachtete die Offiziere weiterhin als seine Untergebenen. Bis in die Morgenstunden des folgenden Tages verhandelte die MFA-Führung mit ihm über die nächsten Schritte. Man einigte sich wie folgt: eine »Junta der Nationalen Rettung« JSN[39], bestehend aus sieben Generälen, an der Spitze Spínola als Präsident und General da Costa Gomes als sein Stellvertreter, und ein neu zu bestimmender Staatsrat sollten während einer Übergangszeit die Macht ausüben. Binnen Jahresfrist sollte in freier, gleicher, geheimer allgemeiner Wahl eine Verfassungsgebende Versammlung gebildet werden. Daran würden sich Parlaments- und Präsidentschaftswahlen anschließen. Bis Mitte Mai sollte eine zivile Provisorische Regierung für die Übergangszeit zusammengestellt werden.

In seiner ersten Fernsehansprache und auf einer Pressekonferenz am 26. April stellte sich der General den Portugiesen und der Weltöffentlichkeit als Übergangspräsident vor und verlas eine Erklärung. Die Machtübernahme habe sich als notwendig erwiesen, um die »Einheit der Nation« wiederherzustellen. Die Bevölkerung möge Ruhe und Ordnung bewahren. Portugal werde unverändert seinen internationalen Verpflichtungen nachkommen. Die Verfassung des »Estado Novo« sei außer Kraft gesetzt, die Nationalversammlung aufgelöst, alle paramilitärischen und korporatistischen Gremien der Diktatur und die Zensurbehörde abgeschafft.

Bereits in der Nacht nach dem Sturz Caetanos wurde deutlich, dass Spínola andere Ziele verfolgte als der Führungskern des MFA. So bestand er darauf, dass mehrere Forderungen des MFA-Programms geändert wurden. Die Ankündigung der sofortigen Zulassung politischer Parteien sollte durch die Formulierung ersetzt werden, dass »Vereinigungen als Keimformen künftiger Parteien« entstehen würden. An die Stelle

39 Junta de Salvação Nacional

der »sofortigen Unabhängigkeit der Kolonien« wollte er eine »freie Debatte über die Lösung des Kolonialproblems« eröffnen. Während die MFA-Vertreter die Geheimpolizei PIDE/DGS unverzüglich auflösen wollten, versuchte Spínola, dies hinauszögern. In den Kolonien existierte die PIDE noch mehrere Monate nach dem Umsturz. Auch eine sofortige Amnestie für alle politischen Gefangenen wollte Spínola mit dem Argument verhindern, es könnten »kriminelle Elemente«, zu denen er auch die KommunistInnen zählte, davon profitieren.

Bis zum 15. Mai übte die »Junta der Nationalen Errettung« allein die Regierungsgeschäfte aus und hatte alle Befugnisse, die in der alten Verfassung dem Präsidenten der Republik zukamen. Nach diesem Termin trat ein neuer Staatsrat zusammen und eine provisorische Regierung nahm die Geschäfte auf.

Das Volk auf den Straßen nimmt sich seine Rechte und Freiheiten

Die Bevölkerung Lissabons hatte es am 25. April – trotz eines Aufrufs der Militärs, die Wohnungen nicht zu verlassen – nicht in den Häusern gehalten. Eindrucksvolle Bilder von Szenen der Verbrüderung mit den Soldaten gingen bald um die Welt. Die Nelke im Gewehrlauf eines Soldaten ist bis heute das Symbol für die Aprilrevolution. Nach der Kapitulation Caetanos umlagerte eine Menschenmasse den Sitz der Geheimpolizei und skandierte »Morte a PIDE!« (Tod der PIDE). Die Agenten waren bewaffnet, hatten sich im Gebäude verschanzt und eröffneten das Feuer. Vier Menschen verloren ihr Leben, und es gab zahlreiche Verletzte. Doch die Zentrale wurde von MFA-Truppen gestürmt und die verhassten Geheimpolizisten mussten ihren Widerstand aufgeben. Sie wurden von empörten BürgerInnen gejagt, auch verprügelt. Militärs verhinderten, dass es zu Lynchjustiz kam. 200 Agenten wurden ins Zuchthaus Caxias gebracht.

UnterstützerInnenkomitees der politischen Gefangenen nahmen am 26. April Kontakt zu MFA-Offizieren auf und bestanden auf einer sofortige Amnestie und Entlassung der Inhaftierten. Vor dem Lissabonner Polizeigefängnis Aljube und vor den Zuchthäusern in Caxias und Peniche forderten Angehörige und FreundInnen der Inhaftierten die sofortige Freilassung. In Caxias und in Peniche drohten die Wachmannschaften der GNR, in die versammelte Menschenmenge zu feuern. MFA-Truppen erzwangen ihre Kapitulation und setzten die Freilassung der Gefangenen durch.

Wenige Tage nach der Militärerhebung riefen die oppositionellen Wahlkommissionen CDEs die Bevölkerung in vielen Quartieren der Großstädte, in zahlreichen Gemeinden und Kreisstädten zu öffentlichen Versammlungen auf, um die örtlichen Repräsentanten der Diktatur abzusetzen und durch »ad-hoc«-EinwohnerInnenkommissionen zu ersetzen. Bis zur Durchführung von allgemeinen, freien Kommunalwahlen sollten sie die Geschäfte führen. Auf den Versammlungen wurden meist in offener Abstimmung AntifaschistInnen in diese Kommissionen gewählt. Auch in vielen Industriebetrieben, Verwaltungen, Banken und in den Nationalen Syndikaten entstanden basisdemokratisch bestimmte Leitungsgremien. Die CDEs schlossen sich auf nationaler Ebene zur »Portugiesischen Demokratischen Bewegung« MDP/CDE[40] zusammen und integrierten zunächst noch alle Strömungen der Opposition.

Umbesetzungen in der Armeeführung, provisorische Machtstruktur und Eroberung des öffentlichen Raums durch die Bevölkerung

In den ersten Tagen nach dem Umsturz wurden die obersten Kommandopositionen der Waffengattungen, der Polizeiver-

40 Movimento Democrático Português

bände, die Gouverneursposten in den Provinzen und die Posten der Hochkommissare in den Kolonien neu besetzt. Die Offiziere des MFA behielten ihre organisatorischen Strukturen (MFA-Versammlung, operativer Stab und Koordinierende Programmkommission) bei und etablierten sich in den Räumen der 5. Division des Generalstabs. Sie waren mit sieben Repräsentanten im Staatsrat vertreten, neben den sieben Generälen der Junta und sieben von Spínola ausgewählten zivilen Persönlichkeiten. Insgesamt waren Junta und Staatsrat mehrheitlich konservativ besetzt.

Spínola etablierte sich im Präsidentenpalast mit einem eigenen Stab und einem Wachregiment aus Fallschirmjägern. Dort empfing er Vertreter der Oligarchie, der Militärhierarchie und der Opposition. So gab es unmittelbar nach dem 25. April zwei militärisch politische Zentren.

Am 26. April erschien das MFA-Programm auf den Titelseiten der nun unzensiert erscheinenden Zeitungen. Die meisten Parteien und Gruppierungen der antidiktatorischen Opposition begrüßten den Umsturz und das Programm der Offiziere. Die Reaktionen der Bevölkerung auf den Umsturz und die spontanen Aktivitäten an der Basis signalisierten, dass die in Bewegung geratenen BewohnerInnen der Hauptstadt und des Industriegürtels sich nicht mit der Wiederholung von halbherzigen Modernisierungs- und Liberalisierungsversuchen wie unter Caetano zufrieden geben würden. Sie nahmen sich ihre Freiheiten, drängten auf grundlegende Veränderungen, in deren Umsetzung sie sich von Anfang an aktiv einmischten.

Die Kommunistische Partei eröffnete als erste Organisation Büros in verschiedenen Städten des Landes. Ihre ehemals verbotenen Zeitungen erschienen nun unzensiert. Auf ersten Meetings ergriffen Frauen und Männer das Wort und berichteten, was sie während der Diktatur erlitten hatten. Ihre Kader, die Jahre und Jahrzehnte Haft, Folter und Schikane überstanden und standgehalten hatten, wurden begrüßt. Zugleich behielt die Parteiführung ihre konspirativen Strukturen und ihr Sicherheitssystem bei. Mit Blick auf die Erfahrungen der Vergangenheit schloss sie einen neuerlichen Rechtsputsch nicht aus.

Der 1. Mai – während der Diktatur immer wieder ein Tag gewaltsamer Konfrontationen – wurde 1974 zu einem großen Volksfest. In den größeren Städten versammelten sich insgesamt eine Million Menschen, allein in Lissabon sollen es über 200.000 gewesen sein. Ende April beschlossen die neuen Machthaber, die Oppositionellen aus dem Exil zur Rückkehr ins Land aufzufordern. Bei der Maikundgebung in Lissabon wurden Álvaro Cunhal, Mário Soares und andere Persönlichkeiten des Widerstands begeistert gefeiert.

Reaktionen der Oligarchie und der NATO

Die Stützen des alten Regimes, entmachtete Kriegsgeneräle, katholische Hierarchie und Provinzpolitiker verhielten sich still. Die Führung der PIDE – soweit nicht in Haft – fand Aufnahme im franquistischen Spanien. Die Oligarchie setzte auf General Spínola. Auch die NATO-Partner reagierten abwartend. In den USA ging man davon aus, dass Spínola und die Junta Herren der Lage seien. Das MFA-Programm enthielt für sie akzeptable Forderungen, in der Junta und im Staatsrat dominierten Konservative und Militärs, die z.T. in den USA bekannt waren. Die Positionen, die Spínola in seinem Buch »Portugal und die Zukunft« entwickelt hatte, deckten sich mit den US-Interessen.

Spínola seinerseits strebte von Anfang an privilegierte Beziehungen zu den USA an. Der erste ausländische Botschafter, den er als Präsident der Junta empfing, war der US-Amerikaner Nash Scott. Portugal werde – so erklärte der General bei dieser Gelegenheit – zum ersten Mal »westeuropäisches Niveau« erreichen. Der Botschafter Caetanos in Washington, Hall Themido, wurde auf seinem Posten belassen. Bereits am

29. April 1974 erfolgte denn auch die diplomatische Anerkennung des neuen Regimes durch die USA. Es gab Gerüchte, dass der General schon 1973 auf einer »Bilderberg«-Konferenz – dem Treffen eines informellen internationalen Elitezirkels mit Teilnehmern vor allem aus NATO-Staaten – den damaligen NATO-Generalsekretär Luns über eine bevorstehende Militärerhebung informiert und ihren ungefähren Zeitpunkt andeutend – darum gebeten habe, ein für diese Zeit vorgesehenes NATO-Manöver vor der portugiesischen Küste zu verschieben und ein neues Regime gegebenenfalls schnell anzuerkennen. Sowohl die Nixon-Administration in den USA als auch die westeuropäischen NATO-Staaten sahen also zunächst keinen Grund zur Besorgnis. Man ging davon aus, dass der von Caetano 1969 anvisierte Kurs nun ohne diesen fortgesetzt werde.

Die Reaktionen der westeuropäischen Auslandspresse auf die Ereignisse vom 25. April waren gekennzeichnet durch Erstaunen über den Verlauf dieser »höflichen Revolution« (*Spiegel* v. 13.05.1974), ihren friedlichen Charakter, die Euphorie in den Straßen Lissabons und generell darüber, dass putschende Militärs – anders als nur wenige Monate zuvor im September 1973 in Chile – eine Diktatur beseitigen und demokratische Verhältnisse einführen wollten.

Die Sowjetunion und ihre Verbündeten begrüßten den Sturz der Diktatur, nahmen unverzüglich diplomatische Beziehungen auf und eröffneten Botschaften. Die Sowjetunion und das sozialistische Cuba unterstützten den MPLA in Angola auch militärisch und setzten sich auf internationaler Ebene für die nationale Unabhängigkeit der Kolonien ein.

Die Amtszeit der Ersten Provisorischen Regierung: Klassenkämpfe, erste Konfrontation mit der Oligarchie im Hintergrund und kein Waffenstillstand in den Kolonien

Am 15. Mai 1974 trat die Erste Provisorische Regierung zusammen. In ihr waren die verschiedenen Strömungen der Opposition, die Liberalen, die Sozialisten, das MDP/CDE und die Kommunisten vertreten. Spínola hatte den konservativen Juristen und Freimaurer Adelino da Palma Carlos zum Ministerpräsident bestimmt. Die Kommunisten blieben für ihn und die Konservativen zwar »subversive Elemente«, deren Legalisierung sie am liebsten vermieden hätten. Doch konnten sie die Einbeziehung der PKP in die Regierung nicht verhindern, da diese ihre legale Präsenz de facto bereits durchgesetzt hatte. Auch die Sozialistische Partei (SP) unterstützte die Regierungsbeteiligung der PKP, schien doch die Durchführung freier Wahlen nur gesichert, wenn die demokratische Opposition gegenüber Spínola, den konservativen Generälen und den Eliten geschlossen auftrat.

Die Übertragung des Arbeitsministeriums an den kommunistischen Gewerkschafter Avelino Gonçalves war mit der Hoffnung verbunden, die PKP könne mäßigend auf die beginnenden Streikbewegungen einwirken. Die Sozialistische Partei war als Exilpartei mit privilegierten Kontakten zur Sozialistischen Internationale von Bedeutung. Von ihren außenpolitischen Kontakten versprach sich Spínola zunächst noch die Unterstützung der westeuropäischen Staaten für seine Kolonialpolitik und Zugang zu Wirtschafts- und Finanzhilfen. Die Liberalen gründeten im Mai 1975 die »Demokratische Volkspartei« PPD, die wie der General die Interessen eines relevanten Teils der Industriellen, der Finanzkapitalisten und des Bürgertums repräsentierte. Gleiches gilt für Adelino da Palma Carlos, der sich bald als Marionette und Befehlsempfänger Spínolas erweisen sollte. Als mögliches Sammelbecken für Salazaristen und andere Rechtskonservative gründete der Caetano-Schüler Freitas do Amaral das Demokratisch-Soziale Zentrum CDS[41].

41 Centro Democrático Social

ArbeiterInnenbewegung, ultralinke Gruppen[42] und Provisorische Regierung

Im Mai und im Juni breitete sich in zahlreichen Betrieben des Industriegürtels von Lissabon eine Streikwelle aus. Die ArbeiterInnen forderten spürbare Lohnerhöhungen, drängten auf die Absetzung missliebiger und kompromittierter Manager und Vorgesetzter. Es kam zu Betriebsbesetzungen. Auch die Gewerkschaften der LandarbeiterInnen im Alentejo wurden offensiv,

42 Als »ultralinke Gruppen« oder »Gruppen der extremen Linken« – portugiesisch »esquerdistas« – fasse ich zum Teil sehr unterschiedliche Gruppierungen zusammen und benutze damit einen von der PKP, aber auch von Sozialisten gewählten Begriff. Der gemeinsame Nenner dieser Gruppen war die Distanzierung nicht nur vom Reformismus der Sozialdemokratie, sondern auch von der KP aus einer »linken« Position heraus, die von grundsätzlicher Kritik bis zu offener Feindseligkeit reichen konnte. Viele dieser Gruppen sind in der Caetano-Zeit meist im Exil entstanden. Die ultralinken Gruppen hatten nach dem 25. April ihre Stützpunkte an den Universitäten und Hochschulen, wandten sich aber »dem Proletariat« zu, um es für kommunistische Ziele zu mobilisieren. Sie waren im Straßenbild mit Plakaten, »muralhas« (Wandmalereien), Zeitungen und Flugblättern präsent. Einzelnen Gruppen gelang es, in Betrieben (z.B. Lisnavewerft, TAP) Fuß zu fassen und in einzelnen ArbeiterInnenkommissionen mit den Kadern der PKP um den führenden Einfluss zu konkurrieren. Die meisten dieser Gruppen führten scharfe Abgrenzungskämpfe nicht nur gegen die PKP, sondern auch gegeneinander. Sie versuchten, sich in die »spontan« entstehenden, zumeist von Kadern und Persönlichkeiten der antidiktatorischen Opposition angeleiteten ArbeiterInnen- und EinwohnerInnenkommissionen einzubringen und sie in ihrem Sinne, das heißt immer auch gegen die PKP zu beeinflussen. Der PKP wurde unterstellt, sie bremse den revolutionären Elan. Die Ungeduld vieler ArbeiterInnen nach den Jahren der Unterdrückung und Entwürdigung, aber auch die im Landproletariat tief verankerten vom Anarchosyndikalismus geprägten Widerstandstraditionen brachten einzelnen Gruppen zunächst auch AnhängerInnen in Betrieben und beim Landproletariat. Insgesamt blieb der Bezug zur portugiesischen ArbeiterInnenklasse aber überwiegend deklaratorisch. (Näheres zur Rolle der »extremen Linken« bei Jorge Fontes, Die extreme Linke während der Revolution, in: Baer/Dellwo (Hg.), S. 167-186, der die Sicht dieser Gruppen zur Position der PKP unkritisch übernimmt, oder auch Arno Münster, Portugal – Jahr 1 der Revolution, Berlin 1975)

schlossen sich auf Distriktebene zusammen und stellten einen Forderungskatalog auf. Ihnen ging es nicht nur um höhere Löhne und geregelte Arbeitszeit, sondern vor allem um die Schaffung fester Arbeitsverhältnisse für die große Zahl der Arbeitslosen, SaisonarbeiterInnen und TagelöhnerInnen.

Trotzkistische und anarchistische Gruppen agitierten für eine Revolution der ArbeiterInnenklasse auf dem Weg der »direkten Aktionen« und forderten den sofortigen Austritt Portugals aus der NATO. Die »Maoisten« wollten »echte«, »nichtrevisionistische« Kommunistische Parteien aufbauen. Sie unterstützten – anders als die PKP – unterschiedslos alle Streiks und Betriebsbesetzungen. Einige dieser ultralinken Gruppen mobilisierten BewohnerInnen von einzelnen Elendsvierteln für die Inbesitznahme leerstehender Immobilien. In den Betrieben kam es zu »saneamentos« (»Säuberungen«), d. h. Absetzung von kompromittierten Vorgesetzten, und zur Bildung von ArbeiterInnenräten. Alle linken Organisationen begrüßten den Umsturz, den MFA und sein Programm. Eine Ausnahme bildeten der prochinesische MRPP[43] und die an Albanien orientierte AOC[44]. Sie sahen in Spínola und der Junta eine Variante des alten Regimes und propagierten die Fortsetzung des Kampfes auch gegen die neuen Machthaber. Die PKP galt ihnen, der maoistischen Doktrin folgend, als »sozialfaschistisch«, weil sie sich an der Regierung beteiligte und nicht jeden Streik und jede spontane Aktion an der Basis vorbehaltlos unterstützte.

Auch innerhalb des MDP/CDE war die Regierungsbeteiligung kontrovers und führte dazu, dass sich eine Gruppe von der Bewegung trennte und eine eigene Organisation, die »Linkssozialistische Bewegung« MES[45] gründete.

---

43 Movimento da Reconstrução do Partido do Proletariado – Bewegung zum Wiederaufbau der Partei des Proletariats

44 Aliança Obreira Camponesa – Arbeiter- und Bauernallianz

45 Movimento da Esquerda Socialista

Lobbyverbände der Oligarchie

Im Mai 1974 gründeten einflussreiche Industrielle die »Bewegung zur Dynamisierung der Beziehung von Unternehmen und Gesellschaft« MDE/S[46] als Lobbyorganisation des portugiesischen Großkapitals. Sie verfolgten das Ziel, Parteien und Medien eigene wirtschaftspolitische Vorschläge nahezubringen, den beginnenden »Säuberungen« im Management der großen Betriebe entgegenzuwirken, die Streiks einzudämmen und die ArbeiterInnenbewegung unter Kontrolle zu bekommen. Das MDE/S – dies belegen Geheimdokumente, die im Oktober 1974 veröffentlicht wurden – beschäftigte sich intensiv mit möglichen Szenarien zur Konsolidierung der Macht der Oligarchie nach dem Sturz der Diktatur, hielt Kontakt zum US-amerikanischen Geheimdienst CIA und schloss auch die Option für einen rechten Militärputsch nach chilenischem Muster nicht aus.

Ebenfalls im Mai 1974 gründeten Großagrarier die »Freie Vereinigung der Landwirte« – ALA[47], eine aggressive Pressure-Group mit dem Ziel, eine Landreform zu verhindern. Im Juni entstand die »Liga der kleinen und mittleren Landwirte«[48] als Gegengewicht gegen die Großgrundbesitzer. Sie wurde von der ALA bekämpft und als kommunistisch gesteuert diffamiert.

Politische Differenzen in der Regierung in Bezug auf das MFA-Programm und erste Machtprobe

Interessengegensätze in den neu entstandenen Institutionen wurden zum ersten Mal im Juni sichtbar, als die Regierung Sondierungsgespräche mit dem PAIGC und der FRELIMO führte. Die portugiesische Delegation verhandelte unter der

46 Movimento de Dinamização Empresa / Sociedade

47 Associação Livre dos Agricultores

48 Liga dos Pequenos e Medios Agricultores

Leitung von Außenminister Soares. Präsident Spínola erteilte ihm den Auftrag, einen Waffenstillstand zu erwirken und die Gewährung der Unabhängigkeit an ein Referendum unter der Bevölkerung der Kolonien zu binden. Soares und die MFA-Offiziere der portugiesischen Delegation hielten diese Position für aussichtslos. Die Unabhängigkeit Guinea-Bissaus ließ sich nicht hinauszögern[49]. Auch die FRELIMO-Vertreter machten während der Gespräche deutlich, dass es für sie keinen Waffenstillstand ohne sofortige Unabhängigkeit und Anerkennung der FRELIMO geben werde. Die Gespräche verliefen ohne Ergebnis und die Kämpfe in Mosambik und Angola gingen weiter.

In der Wirtschafts- und Sozialpolitik drängte der linke Flügel in der Regierung gemäß dem MFA-Programm auf Sofortmaßnahmen im Interesse der Unterklassen und setzte einen Mindestlohn durch. Der PPD brachte den Entwurf für ein Streikgesetz ein, das Streiks reglementieren und die Aussperrung als Gegenkampfmittel der Unternehmerverbände legalisieren sollte. Doch es fand sich dafür kein Konsens.

Die spontanen Massenaktionen und Streiks gaben denn auch den Anlass für den ersten politischen Vorstoß der alten Eliten. Ministerpräsident da Palma Carlos sprach Ende Juni in der Öffentlichkeit von der Besorgnis der Bürger über die Zunahme von Anarchie und Chaos und forderte Generalvollmachten zur Wiederherstellung von Ruhe und Ordnung. Anfang Juli bildete die Junta eine militärische Eingreiftruppe, das »Operative Kommando des Kontinents« COPCON[50], und unterstellte sie Otelo de Carvalho, jenem Major, der die militärische Operation des 25. April vorbereitet und koordiniert hatte. Spínola hielt den ehemaligen Afrikakämpfer in Guinea-

49 Am 10. September wurde der vom PAIGC geführte Staat von Portugal offiziell anerkannt und der Truppenabzug für den 31. Oktober 1974 vereinbart

50 Commando Operacional do Continente

Bissau zu diesem Zeitpunkt für in seinem Sinne loyal und beförderte ihn zum Brigadegeneral und Kommandeur der Militärregion Lissabon.

Im Juli versuchten die Konservativen, die Verhältnisse in ihrem Sinne zu klären. Ministerpräsident da Palma Carlos forderte im Staatsrat weitreichende Handlungsvollmachten für den Präsidenten bis hin zur Entscheidung über den Ausnahmezustand. Er schlug vor, die Wahlen für die Konstituante zu verschieben und noch vor Oktober des Jahres per Direktwahl einen neuen Präsidenten zu bestimmen, der mit weitreichenden Machtbefugnissen auszustatten sei. Damit waren Spínolas Ambitionen, sich als Chef eines autoritären Präsidialregimes per Referendum direkt etablieren zu lassen, auf dem Tisch.

Dieser Vorstoß alarmierte sowohl die MFA-Führung als auch die Oppositionsparteien links des PPD. Sie lehnten eine Verschiebung der Wahlen ab. Ministerpräsident Palma Carlos trat daraufhin am 9. Juli zurück. Ihm schlossen sich die Minister aus dem bürgerlich-liberalen Lager an. Nachdem niemand bereit war, die Regierungskrise zum Anlass zu nehmen, um den Ausnahmezustand zu verhängen, wollte Spínola den ihm nahestehenden Verteidigungsminister General Firminio Miguel mit der Bildung einer Zweiten Provisorischen Regierung beauftragen. Die MFA-Führung – repräsentiert durch den Koordinationsausschuss – lehnte dies ab. Stattdessen platzierte sie Oberst Vasco Gonçalves als ihren Vertreter an die Regierungsspitze und benannte weitere Offiziere als Minister. Das Arbeitsministerium ging nun an Hauptmann Costa Martins, einen überzeugten Linkssozialisten.

Die Zweite Provisorische Regierung nahm am 18. Juli 1974 ihre Arbeit auf. Ihr gehörten sieben MFA-Offiziere an, die Parteien waren mit je einem Repräsentanten vertreten, das MDP/CDE schied – wie von der Sozialistischen Partei gefordert – aus der Regierung aus.[51] Damit hatte der MFA – entgegen seinen ursprünglichen Absichten – die politische Bühne betreten.

Präsident gegen Regierung

Nach der Juli-Krise forcierte die Oligarchie die Bildung weiterer politischer Parteien. Neben dem CDS entstanden die Christdemokratische Partei PDC[52], geführt vom Offizier und Spínola-Vertrauten Sanches Osório, die Fortschrittspartei PP[53] und die Liberale Partei PL[54]. Diese organisierten im August und September 1974 eine politische Kampagne, mit der sich Spínola öffentlich gegen die Regierung stellte. Als führte er einen Präsidentschaftswahlkampf, bereiste er das Land, wandte sich direkt an die Öffentlichkeit, sprach vor Militärs und Honoratioren und kritisierte die Kolonialpolitik sowie die Wirtschafts- und Sozialpolitik der Regierung.

Wirtschaftliche Probleme, Klassenkämpfe und zwei konträre Strategien

Der Sommer 1974 stand im Zeichen wachsender wirtschaftlicher Probleme. Drastische Preiserhöhungen machten die erkämpften Lohnerhöhungen schnell zunichte. Eine Teuerung – zusätzlich verschärft durch die weltwirtschaftlichen Rahmenbedingungen (Erdölkrise und Beginn einer weltweiten Rezession) – provozierte neue Streiks und Betriebsbesetzun-

---

51 Die Sozialisten hatten ihre Mitglieder, die während der Diktatur in den CDEs vertreten waren, aufgefordert, sich nicht am MDP/CDE zu beteiligen. Den verbliebenen AntifaschistInnen warfen sie vor, der MDP sei faktisch mit der PKP identisch und lasse sich dazu benutzen, den Einfluss der PKP künstlich zu vergrößern. Im MDP verblieben parteilose Persönlichkeiten, meist Intellektuelle, die sich als BündnispartnerInnen der PKP verstanden.

52 Partido da Democracia Cristã

53 Partido do Progresso

54 Partido Liberal

gen. Die Staatsverschuldung nahm weiter zu. Größere Kreditsummen wurden benötigt, um die kleinen und mittleren Unternehmen vor drohenden Insolvenzen zu bewahren. Die Banken verhielten sich jedoch zurückhaltend. Die Kapitalflucht, die schon zu Ende der Caetano-Amtszeit eingesetzt hatte, nahm immer größere Ausmaße an. In den westeuropäischen Immigrationsländern bestand seit 1973 ein Zuwanderungsstopp und so vergrößerten rückkehrende ArbeiterInnen, aber auch demobilisierte Soldaten und erste Flüchtlinge aus den Kolonien die Zahl der Arbeitssuchenden. MigrantInnen, die der Lage im Lande nicht trauten, hielten Überweisungen auf ihre portugiesischen Konten zurück. US-Konzerne drohten, Filialen zu schließen. Auch die Tourismusindustrie erlitt Verluste, da viele Urlauber, die während der Diktatur an der Südküste Ferien gemacht hatten, durch den politischen Umsturz verunsichert, fernblieben.

Unmittelbar nach dem 25. April hatten Belegschaftsvertretungen in den Bankfilialen der Ballungsgebiete begonnen, die Geschäfte der Geldinstitute zu kontrollieren. Die Gewerkschaft der Bankangestellten rief im Mai dazu auf, den Zahlungsverkehr systematisch zu überwachen. Seit Juni 1974 wurden auf Betriebsversammlungen Hinweise auf Kapitalflucht und wirtschaftsschädigende Machenschaften veröffentlicht. Bald wurde deutlich, dass entgegen der Richtlinie der Regierung zur Kreditpolitik die Darlehen für die Klein- und Mittelunternehmen bei diesen nicht ankamen, sondern dass die großen Konzerne begünstigt wurden. Diese verschoben einen Teil der Gelder ins Ausland. Ein erster Versuch der Regierung, die finanzpolitische Handlungsfähigkeit durch eine Verstaatlichung der »Nationalen Überseebank« BNU[55] zurückzugewinnen, war noch vor der Juli-Krise von der konservativen Mehrheit im Staatsrat abgelehnt worden. Ausländische Regierungen versprachen zwar

55 Banco Nacional Ultramarino

Wirtschaftshilfe, knüpften konkrete Zusagen aber an die Herstellung »stabiler« politischer Verhältnisse.

Das MDE/S veröffentlichte im August ein Memorandum. Darin versprachen die Großkonzerne, 150.000 Arbeitsplätze zu schaffen, unter der Bedingung, dass die Regierung umgebildet und Wirtschaftsexperten aus den Reihen der Technokraten der Caetano-Regierung aufgenommen würden. Im Kontext dieser Offensive legte der PPD in der Regierung erneut seinen Entwurf zum Streikgesetz mit der Legalisierung der Aussperrung vor. Er wurde Ende August wieder abgewiesen und stattdessen ein Streikgesetz ohne Aussperrungsklausel verabschiedet.

Mitte August meuterten im Zuchthaus Caxias die inhaftierten PIDE/DGS-Agenten. Am 9. September revoltierten in Lourenço Marques / Mosambik bewaffnete weiße Siedler aus Protest gegen die Kolonialpolitik der neuen Regierung. Die Revolte wurde auf Befehl des Lissabonner Oberkommandos niedergeschlagen, woraufhin ca. 40.000 SiedlerInnen aus Afrika ins »Mutterland« flüchteten und von der Regierung untergebracht werden mussten.

Die Radikalisierung der sozialen Bewegungen und die Rolle ultralinker Gruppen

Während der Streiks im August und September kam es zu Auseinandersetzungen zwischen den KommunistInnen und den Intersindical-Gewerkschaften auf der einen und einigen maoistischen und ultralinken Gruppierungen auf der anderen Seite. Angesichts der wirtschaftlichen Probleme der Klein- und Mittelbetriebe und der instabilen ökonomischen und politischen Lage riefen PKP und Intersindical zu einer Kundgebung gegen »Streiks um der Streiks willen« auf, versuchten, in den Betrieben ein Bewusstsein über die ökonomische Situation zu schaffen und vor allem in strategisch wichtigen Bereichen wie der Post, der Eisenbahn- und der Fluggesellschaft zu verhindern, dass die Lage eskalierte, der Einsatz von Militär gegen streikende Arbeiter – wie im Herbst 1974 bei der TAP geschehen – provoziert und den Rechten ein Vorwand für neuerliche Repressionen gegen die Gewerkschaften gegeben würde.

Im Mai hatte die Regierung einen gesetzlichen Mindestlohn von 3.300 Escudos beschlossen, auch um einer Ausweitung der Streikwelle entgegenzuwirken. In großen Schlüsselbetrieben wie den Werften Lisnave und Setenave, der Fluggesellschaft TAP, dem Stahlwerk Siderurgia Nacional erstreikten die Belegschaften erheblich höhere Löhne, setzten mancherorts egalitäre Entlohnungsformen für alle Berufsgruppen durch oder forderten einen Mindestlohn von 6.000 Escudos.

In den Latifundiengebieten hatten sich im Juni die Gewerkschaften der LandarbeiterInnen soweit formiert, dass sie die Agrariervereinigung ALA auf Distriktebene zu Verhandlungen über die Umsetzung des Mindestlohns auffordern konnten. Im August und September 1974 wurden erste Tarifverträge auf Kreis- und Bezirksebene mit einer Laufzeit von zwölf Monaten vereinbart, die den Mindestlohnvorgaben entsprachen. Dies führte zu einer Verdopplung der bisher gezahlten Löhne. Die ALA-Vertreter waren nicht bereit, wie gefordert neue Arbeitsplätze zu schaffen und TagelöhnerInnen fest zu beschäftigen. Die Mehrheit der Großgrundbesitzer boykottierte die von der ALA unterzeichneten Verträge und weigerte sich, die Vereinbarungen zu erfüllen. Im Bezirk Beja kam Ende Oktober ein Tarifvertrag mit elfmonatiger Laufzeit zustande. Dort ließ sich die ALA zunächst darauf ein, auf unbewirtschafteten Flächen die Zuteilung von ArbeiterInnen zu akzeptieren.

Politisierung des MFA, Linksparteien und PPD

Als die Offiziere des MFA die Militärerhebung planten, hatten sie keineswegs damit gerechnet, selbst aktiv in die Politik einzugreifen. Ihre Ziele: Entkolonisierung und Demokratisierung sollten von den politischen Parteien realisiert werden.

Der eigenmächtige autoritäre Kurs Spínolas stand dem entgegen. Beeindruckt durch die sozialen Bewegungen, die die Militärerhebung ausgelöst hatte, sahen sich die politischen Aktivisten unter den Offizieren nun gefordert, die Einhaltung ihrer Versprechungen zu garantieren. Der Eintritt in die Regierung nötigte sie, ihre Vorstellungen über die künftige politische und gesellschaftliche Entwicklung zu präzisieren und sich auch in Bezug auf die Parteien zu positionieren. Das MFA-Programm war sehr allgemein gehalten, die Regierungspraxis verlangte nach konkreten Lösungen nicht nur für die Entkolonisierung, sondern auch für die wirtschaftliche und soziale Entwicklung.

Die meisten Parteien propagierten in ihren Programmen und öffentlichen Auftritten den Aufbau einer »sozialistischen Gesellschaft«, der PPD gab sich ein sozialdemokratisches Image und der CDS sprach von sozialer Marktwirtschaft. Die Sozialismusvorstellung der SP war mit sozialdemokratischen Grundsätzen kompatibel, enthielt sie doch – wie schon während der Diktatur – vor allem anderen die Absage an den sogenannten totalitären Sozialismus des Ostblocks. Die SP lud Vertreter der Sozialistischen Internationale ein und präsentierte sie als ihre Verbündeten. Auch der PPD bemühte sich zunächst – wenn auch vergeblich – um Aufnahme in die Sozialistische Internationale. Die Anlehnung an die westeuropäische Sozialdemokratie suggerierte potentiellen WählerInnen die Aussicht auf Wirtschaftshilfe und eine Modernisierung vergleichbar der westeuropäischen Nachkriegsentwicklung.

Vordenker des MFA in der Programmkommission wie Melo Antunes und Vasco Gonçalves gingen davon aus, dass in Portugal andere Bedingungen als in den hochentwickelten westeuropäischen Ländern herrschten. Sie plädierten für einen Sozialisierungskurs (»via socializante«), der den Bedingungen des Landes angepasst sein und weder das Modell des Ostblocks noch die Sozialdemokratien kopieren sollte.

Die zweite Konfrontation mit Spínola im September 1974

Ende August verschärfte Präsident Spínola seine Attacken und bezichtigte die Regierung des Verrats an den »Überseeprovinzen«. Ministerpräsident Gonçalves werde von der PKP gesteuert, diese wiederum sei von Moskau gelenkt und beabsichtige, in Portugal eine »Linksdiktatur« zu errichten, mit dem Ziel, die Kolonien an den Ostblock auszuliefern. Spínola forderte schließlich öffentlich den Rücktritt des Ministerpräsidenten und den Ausschluss der Kommunisten aus der Regierung.

Der PPD hatte sich in der ersten Regierungskrise als Verbündeter Spínolas und Palma Carlos' positioniert, vermied es jedoch, den General in seiner Kampagne direkt zu unterstützen. Auch der CDS hielt sich bedeckt, während PDC, PP und PL für den General mobil machten. Ende September – so war das Ziel – sollte in Lissabon eine Großkundgebung der »schweigenden Mehrheit« die Wende für Spínola bewirken.

Die Sozialisten hielten zwar Kontakt zum Präsidenten, doch in der Öffentlichkeit distanzierten sie sich von seiner Kampagne. Sie waren auf den MFA angewiesen, um die Durchführung der Wahlen zu sichern. Gegenüber den Vorbehalten der ausländischen sozialdemokratischen Regierungsparteien und der US-Administration rechtfertigten sie auch die Regierungsbeteiligung der Kommunisten während der Übergangsperiode, überzeugt davon, dass nach ersten Wahlen deren Einfluss begrenzt sein werde.

Ende September provozierte Spínola eine zweite Machtprobe. Eine großangelegte Plakataktion der Rechtsparteien schuf das Bild von der »schweigenden Mehrheit« (»maioria silenciosa«) im Land, die durch den Präsidenten eine Stimme erhalten habe. Im ganzen Land wurde zu einem Marsch auf Lissabon und einer Großkundgebung aufgerufen. In Nordportugal mieteten Unterstützer des Generals Busse und warben DemonstrantInnen mit dem Angebot für einen kostenlosen Ausflug in die Hauptstadt.

Den Auftakt sollte am 27. September ein Pferderennen in der Lissabonner Stierkampfarena bilden. Das MDE/S hatte massenhaft Karten aufgekauft und an Angehörige des kolonialistischen Verbandes der ehemaligen Afrikakämpfer verteilt. An der Veranstaltung nahm neben Spínola auch Ministerpräsident Vasco Gonçalves teil. Letzterer wurde ausgebuht und lautstark zum Rücktritt aufgefordert, ohne dass Spínola intervenierte. »Viva Spínola«, »Viva Ultramar« – solche Rufe zeigten, wem die Sympathien galten.

Für den 28. September war die Großkundgebung jener »schweigenden Mehrheit« geplant. Doch nach den Ereignissen in der Stierkampfarena beschloss die Regierung, die Demonstration zu verbieten. Spínola weigerte sich, dies zu akzeptieren, die MFA-Führung zeigte sich entschlossen, das Demonstrationsverbot durchzusetzen. Als Ministerpräsident Vasco Gonçalves und Otelo de Carvalho im Präsidentenpalast vorstellig wurden, um Spínola die MFA-Position zu erläutern, ließ dieser den Palast von Truppen der Nationalgarde umstellen, benutzte also Polizeieinheiten gegen den MFA, um die Einsatztruppe COPCON von ihrem Kommandanten Otelo de Carvalho abzuschneiden. Währenddessen hatte Verteidigungsminister Firminio Miguel im Auftrag Spínolas Truppen der Nationalgarde und der Sicherheitspolizei zu den öffentlichen Rundfunkstationen entsandt. Sie sollten über die Sender zur Kundgebung aufrufen. Dazu kam es nicht: Auf Befehl von General da Costa Gomes besetzten Armee-Einheiten die Sender und verlasen ein Kommuniqué des Generalstabs der Armee, das die Versammlung absagte.

Gewerkschaften, Parteiorganisationen der PKP und ArbeiterInnen- und EinwohnerInnenkommissionen befürchteten eine Eskalation, die zu einem Rechtsputsch wie in Chile führen könnte. Sie hatten für den 28. September dazu aufgerufen, sich entlang der Lissabonner Zufahrtsstraßen einzufinden. Dort errichteten sie den ganzen Tag über Straßensperren und hielten die in Bussen anreisenden von den Rechtsparteien mobilisierten Spínola-Anhänger vor der Stadt auf. Am Abend übernahmen die Militärs des COPCON die Kontrollen. Waffen wurden sichergestellt und zahlreiche Teilnehmer und Organisatoren der Aktion – etwa 200 Personen – wurden verhaftet, darunter viele Anhänger der verbotenen »Portugiesischen Legion«. Die Parteien, die die Aktion »schweigende Mehrheit« vorangetrieben hatten, wurden verboten, ihre Büros durchsucht und geschlossen. Dabei fanden sich Dokumente über die konspirativen Pläne des MDE/S und die Verwicklung prominenter Bankiers und Manager, die als Finanziers und Hintermänner der Aktion namhaft gemacht wurden. Sie wurden verhaftet, unter ihnen der Sohn Caetanos.

Ein weiteres Mal war Spínola gescheitert. Er trat von seinen Ämtern zurück und beschwor in seiner letzten öffentlichen Rede das düstere Bild eines in Anarchie und Chaos versinkenden Landes. Am 30. September schieden seine Anhänger aus der Junta und dem Staatsrat aus. Sie wurden durch MFA-Offiziere ersetzt. Der bisherige stellvertretende Präsident der Junta, General da Costa Gomes, trat die Nachfolge Spínolas als Präsident an.

IV.
Der MFA übernimmt die Macht und beginnt im »Bündnis Volk – MFA« einen Sozialisierungskurs

Institutionalisierung des MFA und Bündnis »Volk – MFA«

In der Hauptstadt wurde der Rücktritt Spínolas mit einer Massenkundgebung gefeiert. ArbeiterInnen, Angestellte, StudentInnen, KünstlerInnen, Theaterleute, MusikerInnen, JournalistInnen skandierten in den Straßen Lissabons »Abaixo a reacção!« – »Nieder mit der Reaktion!« und beschworen die »U-ni-da-de«, die Einheit der Gegner der Diktatur. Wie alle linken Parteien und Gruppen hatte auch die Sozialistische Partei den Demonstrationsaufruf unterstützt. Es war die letzte Demonstration aller AntifaschistInnen. In der Menge waren zahlreiche Unifomierte aller Waffengattungen. Sie fühlten sich nun als Protagonisten eines revolutionären Prozesses. Im Slogan »O Povo está com o MFA!« (Das Volk ist an der Seite des MFA) war die »Aliança Povo MFA«, das Bündnis aus »Volk« und Militärbewegung, auf den Punkt gebracht, und die Idee vom MFA als Befreiungsarmee, die das portugiesische Volk aus Armut und Unterentwicklung führen würde, nahm Gestalt an.

Anfang Oktober fand eine Vollversammlung des MFA statt, auf der die Anwesenden beschlossen, alle Militärs, die in die Aktion »schweigende Mehrheit« involviert waren, in den vorzeitigen Ruhestand zu versetzen und die provisorischen Machtorgane neu zu strukturieren. Generalsjunta und

Staatsrat wurden in einem »Rat der 20«, dem Vorläufer des späteren »Obersten Revolutionsrates«, zusammengeführt. Dort waren nun alle MFA-Offiziere in Staatsfunktionen und MFA-Leitungspositionen vertreten. Der Rat war der MFA-Versammlung rechenschaftspflichtig. Er hatte nun die Gesetzgebungskompetenz sowie den Oberbefehl über die Streitkräfte und kontrollierte die Regierung. Der neue Präsident da Costa Gomes verkörperte als langjähriges Mitglied der oberen Militärhierarchie die Autorität der neuen Macht gegenüber den Stäben der Waffengattungen und hatte die Unterstützung auch konservativer Offiziere.

Ministerpräsident Vasco Gonçalves wurde mit der Bildung einer Dritten Provisorischen Regierung beauftragt, die ähnlich zusammengesetzt war wie die Vorgängerin. Das Informationsministerium – zuvor in den Händen des Chefs des inzwischen verbotenen PDC – wurde jedoch mit einem politisch links stehenden MFA-Mann besetzt, der es als seine Aufgabe sah, die politische Aufklärung über die Ziele der Revolution aktiv voranzutreiben und der eine entsprechende – bald nicht unumstrittene – Medienpolitik einleitete. Die MFA-Minister agierten in der Regierung als Fraktion und fühlten sich an die Beschlüsse der MFA-Versammlung gebunden

Noch bestand in der Bewegung der Streitkräfte Einigkeit über die nächsten Aufgaben. Hauptmann Melo Antunes, der Verfasser des ersten MFA-Programm-Entwurfs, erhielt den Auftrag, eine Arbeitsgruppe zu bilden und ein wirtschafts- und sozialpolitisches Programm zu erstellen. Zügige Vereinbarungen mit den Befreiungsbewegungen sollten den Truppenabzug aus den Kolonien ermöglichen und möglichst bald die Ressourcen, die der Krieg verschlang, für zivile Zwecke freimachen. Man hoffte auf gleichberechtigte freundschaftliche Beziehungen, auf eine friedliche Perspektive auch für die weißen SiedlerInnen in Mosambik und Angola und auf künftige gleichberechtigte Wirtschaftsbeziehungen zu gegenseitigem Vorteil.

»Produktionsschlacht« gegen Wirtschaftssabotage

Angesichts der Verwicklung namhafter Industrieller und Bankiers der Oligarchie in die »Aktion schweigende Mehrheit« und der aufgedeckten Finanztransaktionen sahen die militärische und die zivile Linke die Notwendigkeit, deren ökonomische Macht durch Staatseingriffe zu begrenzen. 70 Sofortmaßnahmen wurden beschlossen, darunter die schon länger anvisierte Verstaatlichung zweier Banken als Instrument für eine wirksame Kreditpolitik und Maßnahmen gegen Wirtschaftssabotage. In von Insolvenz bedrohten oder von Eigentümern verlassenen Betrieben konnten seit November staatliche Betriebsleiter eingesetzt werden. Am 29.11. entsandte die Leitung der verstaatlichten Nationalbank BNU Vertreter in alle Kreditinstitute mit dem Auftrag, die Geldbewegungen und Bankgeschäfte täglich zu kontrollieren. Am 6. Dezember beauftragte die Generalversammlung des MFA den »Rat der 20«, alle notwendigen Maßnahmen zu ergreifen, die erforderlich seien, um eine »antimonopolistische« Wirtschaftspolitik[56] im Dienst der arbeitenden Klassen zu konkretisieren. Am 13. Dezember wurde die Geschäftsführung des Immobilien- und Tourismuskonzerns Torralta, des Banco Industrial Português, der Bank Crédito Predial Português und der Sociedade Financeira Portuguesa verhaftet und wegen Unterschlagung und Veruntreuung angeklagt.

All diese Maßnahmen stützten sich zwar auf Mehrheitsbeschlüsse der MFA-Versammlung, doch kamen bei einigen Offizieren, darunter Melo Antunes, Befürchtungen auf, die Bewegung der Streitkräfte könnte die Unterstützung des Mittelstandes verlieren.

---

56 Als »Monopole« wurden die großkapitalistischen Industrie- und Handelsunternehmen und Privatbanken portugiesischer Eigentümer (der »meia duzia«) bezeichnet. Das Kapital internationaler Konzerne war in die antimonopolitische Strategie nicht einbezogen.

Offensive der ArbeiterInnenbewegung

Die LandarbeiterInnen im Alentejo verlangten derweil mit Nachdruck Gehör für ihre Forderungen, die Gewerkschaft der Bankangestellten, die die Finanztransaktionen kontrollierte, drang auf die Nationalisierung weiterer Banken, ArbeiterInnenkommissionen in Betrieben, die von ihren Besitzern geschlossen werden sollten oder verlassen worden waren, forderten die Regierung auf, einzugreifen oder schritten immer wieder zu Betriebsbesetzungen.

Mit dem Amtsantritt der Dritten Provisorischen Regierung konnte die organisierte ArbeiterInnenbewegung nun auf eine Staatsmacht rechnen, die ihr bei der Durchsetzung berechtigter Anliegen und Forderungen zur Seite stand. Die vom MFA geprägte Regierung griff immer wieder Forderungen der ArbeiterInnenkommissionen und Gewerkschaften auf. Die Nationalgarde GNR und die Sicherheitspolizei PSP – während der Diktatur Vollstrecker der gewaltsamen Unterdrückung von Streiks und Demonstrationen – waren nach dem 28. September dem COPCON-Kommando unterstellt und damit neutralisiert. Das COPCON unterstand Otelo de Carvalho, der keineswegs zu den Spínola-Getreuen zählte, sondern mit der Idee von der Befreiungsarmee sympathisierte. Unter den Offizieren dieser Einheiten gab es einige Kader ultralinker Gruppen. In der Truppe waren zahlreiche Anhänger des gesamten Spektrums der radikalen Linken vertreten. Basiskomitees, ArbeiterInnenkommissionen, Gewerkschaften und die PKP, die in den Basisstrukturen ihren Einfluss kontinuierlich ausbaute, unterstützten den Linkskurs von MFA und Regierung mit Massendemonstrationen und Kundgebungen. Das Bündnis mit dem MFA zeigte praktische Auswirkungen. Die PKP sah die Chance, gestützt auf den Einfluss des MFA in der Armee einerseits und auf ihren eigenen Einfluss in den Gewerkschaften und Basisorganisationen andererseits, die Massen für den von ihr vertretenen »antimonopolistischen und antilatifundistischen« Kurs zu mobilisieren und die wirtschaftlichen Schlüsselpositionen jener Repräsentanten der Oligarchie zu beschneiden, die gegen die neue Macht konspirierten und die Wirtschafts- und Sozialpolitik der Regierung sabotierten.

»Das Land denen, die es bearbeiten«

Auf der Grundlage der Gesetze gegen Wirtschaftssabotage nahmen die Gewerkschaften der LandarbeiterInnen des Südens den Kampf mit den Großgrundbesitzern um die Nutzung brachliegender Flächen auf und wiesen im November und Dezember 1974 einzelnen landwirtschaftlichen Betrieben etwa 1.000 ArbeiterInnen zu. Die meisten Gutsverwalter weigerten sich, diesen Neueingestellten Löhne zu zahlen. Zahlreiche Agrarier wiesen ihre Leute an, Landmaschinen und Viehherden über die Grenze nach Spanien zu schaffen. Doch die LandarbeiterInnen ließen nicht nach und so begannen die Kämpfe um die Frage, wem der Boden gehören solle. Am 22. Januar 1975 wurde die erste von ihrem Besitzer verlassene »Herdade«[57] von LandarbeiterInnen besetzt und dort Brachland umgepflügt. Am Tag zuvor hatte eine Versammlung der LandarbeiterInnengewerkschaft zwei Resolutionen verabschiedet, mit denen sie die Regierung aufforderte, den Großgrundbesitz unverzüglich zu enteignen und eine Agrarreform durchzuführen. Die Gewerkschaften riefen nun dazu auf, Betriebe, die ihr Potential nicht nutzten, zu besetzen und mit der Bewirtschaftung zu beginnen.

Die Eigeninitiative der Gewerkschaften zwang die Regierung zum Handeln. Als Reaktion auf diese Radikalisierung unterbreitete die Sozialistische Partei einen Agrarreformvorschlag, der Enteignungen von Großgrundbesitz vorsah, diese allerdings auf Ländereien beschränkt wissen wollte, die sich im Umfeld von staatlich errichteten Bewässerungsanlagen befanden. Die PKP konkretisierte ihr Agrarprogramm von 1965 und stellte auf

57 »Hof« – Besitzeinheit auf einem Latifundium

einer ersten Konferenz der LandarbeiterInnen des Südens am 9. Februar 1975 in Évora den Kampf um Vollbeschäftigung ins Zentrum. Die PKP unterstützte die Landbesetzungen, forderte die Enteignung von allem Großgrundbesitz und die Verstaatlichung der Ländereien sowie die Unterstützung der von den LandarbeiterInnen gebildeten Kooperativen und »Kollektiven Produktionseinheiten« durch staatliche Agrarinstitute.[58]

Die Parteien positionieren sich neu

Im Oktober 1974 fand der erste Parteitag der Kommunistischen Partei in Freiheit statt. Sie war mit an die 3.000 erfahrenen Kadern, einer gefestigten Organisation und erprobter Disziplin, mit zahlreichen Kontakten zu Persönlichkeiten der bürgerlichen Opposition, einem präzisen politischen Programm und einer Bündnisstrategie aus der Illegalität gekommen und hatte sich binnen kurzer Zeit zu einer Massenpartei – wenn auch mit großen regionalen Unterschieden – entwickelt. In fast allen Städten des Zentrums und des Südens existierten Parteibüros. Im Norden und auf den Atlantikinseln, wo die alte Macht nicht wirklich beseitigt war, behielt sie die klandestinen Strukturen bei. Auf dem Parteitag waren 1.003 Delegierte (die geschätzte 120.000 Mitglieder repräsentierten) und weitere 1.000 Gäste versammelt. Er verabschiedete ein Dringlichkeitsprogramm. Die Stärkung der demokratischen Staatsmacht, die Verteidi-

58 Im Programm von 1965 war die Enteignung von Großgrundbesitz und die Bildung von Genossenschaften gefordert worden. Anfang 1975 war über die Frage der Enteignung rsp. Nationalisierung des gesamten Großgrundbesitzes kein Konsens auf Regierungsebene absehbar. Der PKP und der LandarbeiterInnengewerkschaft des Südens ging es zunächst darum, die Agrarier zu zwingen, Beschäftigung zu schaffen. Die Weigerung, dies zu tun, unterstrich die Notwendigkeit der staatlichen Intervention, nicht nur im Bereich von »Bewässerungsland«. Erst im Juli/August 1975 wurde das Gesetz über die Agrarreform beschlossen, dessen Realisierung allerdings auf die südlichen und Zentralprovinzen Alentejo und Ribatejo beschränkt blieb.

gung der neu errungenen Freiheiten, der wirtschaftlichen und finanziellen Stabilität und die »Fortsetzung der Entkolonisierung« wurden als Schwerpunkte benannt. Die Ereignisse um den 28. September hatten die Gefahren eines Rechtsputsches gezeigt, der – hätte er Erfolg gehabt – die Legalität der PKP und der Gewerkschaften unmittelbar bedroht hätte. Somit war für die PKP das Bündnis mit dem MFA ausschlaggebend für die Konsolidierung der Demokratie.

Die PKP verstand sich als Teil der kommunistischen Weltbewegung. Über die materielle Unterstützung, die sie aus den sozialistischen Ländern bekam, wurde viel spekuliert. Es liegen keine konkreten Angaben vor. Nach dem Sturz der Diktatur hatte Portugal diplomatische Beziehungen zu den osteuropäischen Staaten aufgenommen, und über die Botschaften wurde der PKP wahrscheinlich Hilfe in Form von Druckmaschinen, Papier etc. gewährt. Der Umfang von finanziellen Zuwendungen dürfte im Vergleich zu den Mitteln von CIA, westeuropäischen Stiftungen, Parteien und anderen Organisationen, die an die Gegner der PKP geflossen sind, eher bescheiden gewesen sein.

Vom 13. bis 15. Dezember 1974 fand der erste Parteikongress der Sozialistischen Partei auf portugiesischem Boden statt. Die SP hatte zu dieser Zeit ca. 40.000 Mitglieder. Verschiedene linkssozialistische Strömungen und Gruppen hatten sich der Partei angeschlossen und erwarteten, in den zu wählenden Gremien angemessen repräsentiert zu sein. Auf dem Parteitag gelang es jedoch der Exilgruppe der Parteigründer, sich in allen Führungspositionen unangefochten zu etablieren. Die linkssozialistischen Gruppen mit Verbindungen zur ArbeiterInnenbewegung, die angesichts der gerade überwundenen Putschgefahr die Einheit (»unidade«) der Linken – bei allen Differenzen zur PKP – für unerlässlich hielten, wurden marginalisiert. Der Parteitag verabschiedete ein linkes sozialistisches Programm und wählte eine rechtssozialdemokratische Führung.

Bereits im Oktober hatte Alfredo Barroso, einer der Mitbegründer von ASP und SP im Exil, ein Strategiepapier vorgelegt, in dem er vor »Abenteurertum und Kasernensozialismus« und vor einer linken Militärdiktatur warnte. Gegen massiven, doch letztlich wirkungslosen Widerstand und lauten Protest zahlreicher AnhängerInnen aus dem Spektrum der linken Strömung setzte die Parteiführung eine scharfe Abgrenzung gegenüber der PKP durch und stellte klar, dass es nach den Wahlen zur Konstituante kein Linksbündnis mit dieser geben werde. Sie begründete dies mit der Notwendigkeit, ein eigenes Profil für den bevorstehenden Wahlkampf zu gewinnen, um nicht zwischen PPD und PKP zerrieben zu werden.

Das Zusammenspiel von MFA und organisierter ArbeiterInnenbewegung entsprach weder den Politikvorstellungen der bürgerlichen Parteien noch den Ambitionen der sozialistischen Parteiführung. Sie hatte zur Kenntnis genommen, dass die PKP fest in der Intersindical und zahlreichen Einzelgewerkschaften verankert war und dort ihren Einfluss ausbaute. Die Lehre aus der Septemberkrise bestand für die SP-Führung in einem Bekenntnis zum politischen Pluralismus sowie zur zentralen Rolle der politischen Parteien. Im Zentrum stand die Verteidigung der ideologischen Eigenständigkeit. Das Leitdokument für den Parteitag trug den Titel »Ein eigener demokratischer Weg zum Sozialismus«. Die Betonung lag dabei auf »eigener Weg«, und nicht auf Sozialismus. Der Parteitag war denn auch ein erstes deutliches Signal, dass sich die SP in keine Linkskoalition weder mit der PKP noch mit dem MFA einbinden ließ und sich für ihre Arbeit in der Regierung jede Entscheidungsfreiheit vorbehielt. Eine Institutionalisierung des MFA in der Verfassung lehnte sie grundsätzlich ab.

Der Parteivorsitzende Mário Soares demonstrierte den Schulterschluss mit den Freunden und Geldgebern aus den Parteien der Sozialistischen Internationale. Der Aufbau der Parteiorganisationen, die Herstellung der programmatischen Materialien, Zeitungen und Flugblätter, die Ausstattung der Büros geschah vor allem mit Hilfe der Friedrich-Ebert-Stiftung. Prominenter Gast des Parteitags war Bruno Friedrich (SPD). Auch er unterstrich in seiner Rede die Bedeutung der Abgrenzung von den Kommunisten.

Der PPD profilierte sich nach Spínolas Entmachtung als Opposition in der Regierung, und die Sozialistische Partei wurde immer mehr zu einer Koalitionspartnerin des bürgerlichen Lagers. Während der PPD zwischen liberalem und sozialdemokratischem Image changierte, versuchte sich der CDS als Partei der »sozialen Marktwirtschaft« und der Unternehmer. Es rekrutierte seine Repräsentanten im Lager der Salazaristen und Anhänger des Caetano-Regimes und setzte – wie der PPD – auf Erfolge in Nordportugal. An seinem Gründungsparteitag im Januar 1975 nahmen Vertreter konservativer westeuropäischer Parteien teil, auf deren Unterstützung der CDS rechnen konnte, während der PPD vor allem durch Spenden aus den USA profitierte.

Revolutionäre Legitimität,
Legitimität durch Wahlen und die neue Verfassung

Ende 1974 und Anfang 1975 rückten die mit den Wahlen zusammenhängenden Fragen in den Vordergrund. Der MFA hatte sich verpflichtet, für die Durchführung von Wahlen zur Konstituante binnen Jahresfrist zu sorgen. Zugleich war die Tatsache, dass sich die Offiziere als politischer Faktor im entstehenden neuen Verfassungssystem begriffen, ein Novum, für das es keine vorgefertigte Lösung gab und mit dem die Parteien nicht gerechnet hatten. Ein Konflikt zwischen »revolutionärer« und »parlamentarischer Legitimität« bahnte sich an.

Am 7. November veröffentlichte der »Rat der Zwanzig« ein Parteiengesetz. Am 9. Dezember begann die Erfassung der Wahlberechtigten. Die Koordinierungskommission des MFA hatte in einer Stellungnahme unter dem Titel »O MFA não tem partido« (Der MFA gehört keiner Partei an) die Überparteilichkeit der Bewegung unterstrichen. Die Bemerkung, der Pluralismus schließe nicht aus, wachsam denen gegenüber zu sein, die das Spiel der Reaktion spielten, lieferte die Begründung für den Ausschluss faschistischer und putschistischer Parteien von den Wahlen. Dies betraf die in die »Aktion schweigende Mehrheit« verwickelten verbotenen Parteien, aber aufgrund ihrer militanten und aggressiven Aktivitäten gegen den MFA auch die maoistischen Organisationen MRPP und AOC, die auch nach dem Umsturz Armeeangehörige weiter zur Desertation aufriefen und mit militanten Aktionen, in deren Verlauf ein junger Mann im Tejo ertrank, das Auslaufen von Marineschiffen nach Afrika verhindern wollten.

Je näher der ursprünglich angekündigte Zeitpunkt für Wahlen – ein Jahr nach der Machtübernahme – rückte, desto intensiver wurden die Debatten um die Repräsentanz der revolutionären Militärs. Innerhalb der MFA-Versammlung gab es unterschiedlichste Vorstellungen. So machte Vizeadmiral Pinheiro de Azevedo als Vertreter der Offiziere der Marine den Vorschlag, in der Verfassungsgebenden Versammlung 250 Sitze für MFA-Offiziere zu reservieren, also die komplette MFA-Versammlung zu integrieren. Die rechts stehenden Vertreter der Luftwaffe wünschten, dass sich die Streitkräfte möglichst bald wieder in die Kasernen zurückziehen sollten, waren also wie die bürgerlichen Parteien gegen eine Institutionalisierung. Andere Offiziere schlugen vor, ihren Einfluss auf die Verfassung dadurch wahrzunehmen, dass sie den Dienst bei der Armee quittierten und als zivile Gruppierung bei den Wahlen kandidierten.

Im Verständnis der Sozialisten und der bürgerlichen Parteien waren die Wahlen zur Konstituante identisch mit den ersten Parlamentswahlen. Das erste frei gewählte Parlament sollte über die Verfassung beschließen und auf der Basis des Wahlergebnisses eine rein zivile Koalitionsregierung bilden. Wie der rechte Flügel des Offizierskorps befürworteten auch sie einen zügigen Rückzug der Offiziere aus der Politik und sahen die Ambitionen der Bewegung der Streitkräfte mit wachsender Skepsis. Gleichzeitig waren sie sich bewusst, dass es in der Hand des MFA lag, ob und wann freie Wahlen stattfanden. Der erste Kompromissvorschlag kam von der PKP. Sie schlug vor, die Vertreter des MFA sollten mit den Parteien vor den Wahlen einen »Verfassungspakt« abschließen, in dem die Stellung von MFA und politischen Parteien im Verfassungssystem einvernehmlich definiert würde.

Die »kulturelle Dynamisierung«

Die Vorstellung vom MFA als eine Art »nationale Befreiungsarmee« nahm im Oktober 1974 konkrete Formen an. Eine Gruppe von Offizieren der 5. Division des Generalstabs bildete eine »Kommission zur kulturellen Dynamisierung«. Sie sollte angesichts der bevorstehenden Wahlen eine Aufklärungs- und Entwicklungskampagne organisieren. Armee-Einheiten wurden aufs Land geschickt, nicht nur um die Bevölkerung über die Ziele des MFA und der Aprilrevolution aufzuklären, sondern auch, um bei der Errichtung von Kanalisation, Straßen, Gemeinschaftshäusern behilflich zu sein. Nach Beendigung des Krieges in den Kolonien sollte die Armee zu ziviler Aufbauarbeit herangezogen werden.

Die gesellschaftspolitischen Aktivitäten des MFA lösten Befürchtungen aus, die Offiziere könnten eine linke Militärdiktatur wie beispielsweise in Peru anstreben. Die MFA-Führung hielt dagegen, dass es den Parteien unbenommen sei, ihre Rolle im politischen Aufklärungsprozess wahrzunehmen und besonders im Norden des Landes, der von der Revolution weitgehend unberührt geblieben war, zur Demokratisierung und Aufklärung beizutragen.

An der Dynamisierungskampagne beteiligten sich viele KünstlerInnen, MusikerInnen und Theaterleute. Eine über Portugal hinaus bekannte Plakatserie des Grafikers João Abel

Manta feierte das »Bündnis Povo–MFA«, warnte vor der schädlichen Wirkung der »boatos« (Gerüchte) und der Gefährlichkeit der »reacção«. Manta schuf die Figur des »Zé Povinho« (Hans aus dem Volk), der einem Soldaten des MFA die Hand schüttelte. Politische Liedermacher verfassten neue Songs, die den rückwärtsgewandten Fado mit seiner »saudade«, der melancholischen Traurigkeit und Sehnsucht nach einem Retter, ersetzen sollten. »Cantar abril« – »den April singen« schloss an die Bewegung des »canto livre« an, die schon während der Diktatur das Regime kritisiert und verspottet hatte. »Quem tem medo do communismo?« hieß es in einem der Songs, »Wer hat Angst vorm Kommunismus«, und die Menge, die dem Sänger lauschte, sang die Antwort: »São os capitalistas, são os latifundistas« (Das sind die Kapitalisten, sind die Latifundisten). Die »Hymne« der Bewegung blieb José Afonsos »Grândola, Vila Morena«, das die »terra da fraternidade«, die Heimat der Brüderlichkeit, besang, in der »o povo é que mais ordena«, das Volk das Sagen hat.

Ministerpräsident Gonçalves, der Chef der Militärregion Lissabon und COPCON-Kommandant Otelo de Carvalho, der »rote Admiral« Rosa Coutinho und andere nahmen an zahlreichen öffentlichen Versammlungen teil und erläuterten den Kurs der Regierung und des MFA. Der Ministerpräsident wurde so bald zum »companheiro Vasco«, dem Kameraden der Industrie- und LandarbeiterInnen, ein Hoffnungsträger wie Salvador Allende während der Regierungszeit der Unidad Popular in Chile. Seine Basis war die ArbeiterInnenbewegung. Der Versuch, alle »antimonopolistischen« Klassen und Schichten für die große nationale Anstrengung einer Produktionsschlacht zu gewinnen und auch die Sozialistische Partei einzubinden, sollte jedoch ein Traum bleiben. Auch Otelo entwickelte sich zu einer Art Volksheld Er erklärte immer häufiger, alle Beschlüsse von ArbeiterInnen seien für ihn und damit natürlich auch für das COPCON, das er kommandierte, unbesehen bindend.

Versuch einer Demokratisierung der Streitkräfte

Die Protagonisten des linken Flügels des MFA repräsentierten bei weitem nicht die ganze Armee, wohl aber mehrere wichtige Einheiten. Die personelle Neubesetzung des Generalstabs blieb lange umstritten. Nach außen trat der »Rat der 20« einheitlich auf. Innerhalb des MFA sowie in den Streitkräften vermittelte Francisco da Costa Gomes mit seiner Autorität als Präsident der Republik zwischen den Interessen und Flügeln. Doch im Offizierskorps der Armee gab es eine beträchtliche Gruppe, nicht nur Spínolisten, die mit dem »Bündnis Volk–MFA« und der neue Rolle, die der MFA der Armee zuschrieb, nicht einverstanden waren und die die Bündnispartner und Anhänger der PKP, insbesondere Vasco Gonçalves und die 5. Division des Generalstabs, lieber heute als morgen aus der Armee entfernt hätten.

Dies umso mehr, als im Konzept der »Dynamisierungskommission« auch der Auftrag enthalten war, die Streitkräfte selbst zu »dynamisieren«. Seit Herbst 1974 gab der MFA eine eigene Zeitung, das Bulletin »O movimento« heraus, das sich dieser Aufgabe widmete. Bei den Teilstreitkräften entstanden dezentrale Kommissionen, die die Offiziere und Mannschaften auf ihre neue Rolle vorbereiten sollten. Auf dem »Lehrplan« standen die Lage im Land, die Strategien des MFA, ein demokratischer Führungsstil auf der Basis von Sachautorität und bewusster Disziplin.

In einzelnen Kasernen der Militärregionen Lissabon und Porto forderten Mannschaften und Unteroffiziere mehr Mitsprache. Anfang Oktober wurde ihnen ein Recht auf Mitbestimmung in »Angelegenheiten des Dienstes und der Wohlfahrt« eingeräumt. Auf der Ebene der Berufsoffiziere sollten »Offiziersräte« auch die Oberste Hierarchieebene kontrollieren, ein Verfahren, das bei konservativen und ausschließlich professionell orientierten Kommandeuren auf Ablehnung stieß und nur an einigen wenigen Standorten umgesetzt wurde.

Bei den Wahlen zu diesen neu eingeführten »Räten der Waffengattungen« hatten bei Luftwaffe und Heer die konservativen Professionellen die Mehrheit, bei der Luftwaffe und in vielen »rechten« Einheiten wurden die Delegierten nicht gewählt, sondern von den Kommandeuren bestimmt.

Unentschiedene (Nicht-)Akteure »zwischen den Fronten« (potentielle WählerInnen)

Vordergründig politisch nicht sichtbar waren das städtische und ländliche Kleinbürgertum, kleine und mittlere Unternehmer in Industrie und Landwirtschaft, die unter der Wirtschaftskrise zu leiden hatten, durch Streiks überfordert, z.T. vom Bankrott bedroht waren und die politischen Entwicklungen mit Sorge sahen. Im Konzept der militärischen Linken und der PKP sollten diese Mittelklassen zu Bündnispartnern der ArbeiterInnenbewegung in der »nationalen und demokratischen Revolution« werden. In der Realität wurden sie jedoch von der Radikalität der Bewegung erschreckt und zählten vor allem in den ländlichen Regionen Nord- und Mittelportugals zu den potentiellen AnhängerInnen der antikommunistischen Parteien, wurden von den Kaziken – örtlichen Honoratioren, von denen die lese- und schreibunkundigen DorfbewohnerInnen abhängig waren – des gestürzten Regimes repräsentiert oder standen unter dem Einfluss des reaktionären Klerus.

Auch die Kirche mischte sich zunehmend in die Auseinandersetzungen ein, agitierte gegen die Dynamisierungsbrigaden, sorgte vielerorts dafür, dass die jungen Offiziere in den abgelegenen Gegenden der kleinbäuerlich geprägten Provinzen Minho und Tras-Os-Montes (»Hinter den Bergen«) im Nordwesten nahe der spanischen Grenze mit Misstrauen und Ablehnung empfangen wurden. Die kirchliche Propaganda schloss bruchlos an den irrationalen primitiven Antikommunismus und Antisozialismus der Salazar-Ära an: Die Kommunisten – so raunte man – seien mit dem Satan im Bunde, wollten den Kleinbauern das Land wegnehmen, die Familie abschaffen und »freie Liebe« einführen. Es sollte noch etwa zwei Jahre dauern, bis allmählich demokratische Verhältnisse in diese Gegenden vordrangen und sich herumgesprochen hatte, dass Salazar und Caetano im fernen Lissabon nicht mehr an der Macht waren.

Im Alentejo und an der Algarve im Süden gab es unter den selbständigen Landwirten Sympathisanten der PKP, die die Forderung nach einer Agrarreform unterstützten. Die Gründung der »Liga der Klein- und Mittelbauern« war ein Versuch, sie zu organisieren. Im Zentrum des Landes und im nördlichen Alentejo hingegen schafften es die Funktionäre der Großagrarier immer wieder, selbständige Landwirte und Pächter gegen die LandarbeiterInnengewerkschaft aufzubringen und die Liga als Tarnorganisation der PKP zu diffamieren.

Als künftige WählerInnen spielten zunehmend auch Flüchtlinge und HeimkehrerInnen (»retornados«) aus Angola und Mosambik eine Rolle, die ihren Besitz und ihre Arbeit aus Angst vor dem Vormarsch der Befreiungsbewegungen verlassen hatten.

Organisierte Konterrevolution

Sobald klar wurde, dass die Militärerhebung sich womöglich zu einer sozialen Revolution ausweiten könnte und auf grundlegende Veränderungen im politischen und gesellschaftlichen Kräfteverhältnis zielte, formierte sich ein konterrevolutionäres Bündnis, das nicht mehr allein auf Spínola setzte und von Akteuren mit unterschiedlichen Interessen getragen war.

Zum einen agierte Spínola von seinem Landsitz aus weiter, pflegte Kontakte zu den bürgerlichen Parteien und den Sozialisten, empfing Persönlichkeiten aus der alten Elite und knüpfte zugleich an einem Netzwerk ihm ergebener Offiziere, die gewillt waren, den MFA militärisch auszuschalten und die Loyalität der Armee gegenüber seiner Person wieder herzustellen. Vorbereitungen für einen Militärputsch wurden von den ins Ausland geflüchteten Bankiers und Industriellen unterstützt und von verschiedenen Geheimdiensten »begleitet«. Sie konnten auf Sympathie und Unterstützung bei den rechtsextremen Konspirateuren des alten Regimes im spanischen Exil rechnen.

In der US-Administration und in den NATO-Führungsgremien wurde der Rücktritt Spínolas als Alarmsignal gewertet. Seit der Zypernkrise, in deren Verlauf die Sowjetunion im Oktober 1974 Flottenmanöver im Mittelmeer durchführte, sorgte sich die US-Regierung um die Südflanke der NATO. In Frankreich auf zentraler Ebene und in Italien in den Regionen existierten Linksbündnisse aus SozialistInnen und KommunistInnen, und eine Regierungsbeteiligung der KP wie in Portugal war auch dort denkbar geworden. Exekutiven unter KP-Einfluss waren aber nach Auffassung der USA Verbündete des auswärtigen Feindes und deshalb für die Allianz inakzeptabel.

Den portugiesischen KommunistInnen wurde unterstellt, sie seien in Absprache mit der Sowjetunion angetreten, zusammen mit der MFA-Linken die Macht zu erobern und Portugal einschließlich seiner Kolonien für den Ostblock zu öffnen. Aus Furcht, der US-Stützpunkt auf den Azoren könne an die Sowjetunion gehen, begannen die Vereinigten Staaten, eine Separatistenbewegung auf den Atlantikinseln zu fördern, und erwogen für den äußersten Fall sogar die Loslösung der Inseln von Portugal oder eine Militärintervention auf den Azoren.

Noch unmittelbar nach dem 28. September prognostizierte US-Außenminister Henry Kissinger, Portugal sei dazu verdammt, von den Kommunisten erobert zu werden. Im November 1974 traf er in Tunesien mit Außenminister Soares zusammen, der ihn von der Bündnistreue und Westorientierung der Sozialisten zu überzeugen suchte. Zur selben Zeit wurde Frank Carlucci zum US-Botschafter in Lissabon ernannt, ein Mann mit reichen »counter-insurgency«-Erfahrungen. Seit Anfang 1975 setzte die CIA offenkundig nicht mehr ausschließlich auf einen rechten Militärputsch, sondern stellte sich auf weitere mögliche Szenarien ein: eine linke Militärdiktatur wie in Peru oder ein parlamentarisches Mehrparteiensystem mit legalen Oppositionsparteien. Der neue US-Botschafter entfaltete eine äußerst rege Tätigkeit und unterstützte – wie er später sagte – alle Parteien und Gruppen, die die Kommunisten bekämpften.[59] Der PPD und konservative Provinzpolitiker in Nordportugal erhielten als Unterstützung für ihren Wahlkampf Gelder der US-Entwicklungsorganisation »Allianz für den Fortschritt«.

Anfang 1975 begann die konzertierte internationale Einmischung der NATO-Partner. War die finanzielle und organisatorische Unterstützung der Parteien durch westeuropäische Partnerorganisationen seit Herbst 1974 mit offenherzig geäußerten Empfehlungen verbunden, sich den »westeuropäischen« Regeln anzupassen und keine Bündnisse mit Kommunisten zu dulden, wurde Portugal nun demonstrativ aus der Nuklearen Planungsgruppe der NATO ausgeschlossen, dienten Flottenmanöver vor der portugiesischen Küste und in der Tejo-Mündung als Demonstrations- und Druckmittel.

Angesichts der zugespitzten Situation der Staatsfinanzen wurden internationale Kredite und Wirtschaftshilfen für die Regierung immer dringlicher, doch sie ließen auf sich warten, war doch die Bindung von ökonomischer Unterstützung an die Voraussetzung »stabiler« politischer Zustände ein wirksames politisches Druckmittel.

Der Kampf der Sozialistischen Partei gegen die Einheitsgewerkschaft

Den Beweis dafür, dass es die Sozialistische Partei mit dem antikommunistischen Kurs ernst meinte, trat sie Anfang des Jahres 1975 an. Die erste öffentliche Konfrontation mit der PKP und der MFA-Linken betraf die zukünftige Struktur der Gewerkschaften. Der Arbeitsminister der Ersten Provisorischen Regie-

59 Zum Engagement Carluccis in Portugal vgl. Tiago Moreira de Sá, Os Americanos na Revolução Portuguesa (1974–76), Lisboa 2004

rung, ein Intersindical-Funktionär und Kommunist, hatte bereits im Juni 1974 den Entwurf für ein Gewerkschaftsgesetz vorgelegt, in dem die Verankerung eines einheitlichen Dachverbands aller Gewerkschaften – nach dem Vorbild z.B. des Deutschen Gewerkschaftsbundes – vorgesehen war. Dies hätte die Intersindical gesetzlich abgesichert und die Bildung weiterer Gewerkschaftszentralen ausgeschlossen. Sozialisten und PPD hatten dies abgelehnt. Sie kritisierten das Prinzip der Einheitsgewerkschaft als Verstoß gegen den Pluralismus politischer Richtungen innerhalb der Gewerkschaftsbewegung. Doch war dies vor allem ein Vorwand. Es ging hauptsächlich darum, zu verhindern, dass die PKP ihren aus der Illegalität herrührenden Einfluss in den Leitungspositionen der 1973 gegründeten Intersindical absicherte.

Im Januar 1975 legte der neue Arbeitsminister Hauptmann Costa Martins den Entwurf seines Vorgängers erneut vor. Wieder traten SP und PPD dagegen auf. Daraufhin sammelten Mitglieder der Intersindical-Gewerkschaften in Betrieben und Gewerkschaften Unterschriften für das Gesetz, woraufhin die Sozialistische Partei mit einer Kundgebung gegen die »unicidade«[60] antwortete. Daraufhin mobilisierten die BefürworterInnen eines einzigen Dachverbandes zu einer Demonstration nach Lissabon, an der 200.000 Menschen teilnahmen. Schließlich gaben die Voten zahlreicher Betriebs- und Gewerkschaftsversammlungen den Ausschlag für die Empfehlung des »Rates der Zwanzig«, dem Gesetz zuzustimmen. Dies war mit der Aufforderung an die Regierung verbunden, bei der Ausformulierung darauf zu achten, dass freie Wahlen und die Regeln innergewerkschaftlicher Demokratie eine Repräsentanz aller Strömungen der ArbeiterInnenbewegung garantierten. Vasco Gonçalves stellte das Gewerkschaftsgesetz im Ministerrat zur

60 »Unicidade« war eine Wortschöpfung des SP-Führers Salgado Zenha, mit der das Prinzip der Einheitsgewerkschaft als Verletzung der »pluralidade«, des Pluralismus politischer Richtungen innerhalb der Gewerkschaftsbewegung, diffamiert wurde.

Abstimmung. Alle sieben Militärs und die Vertreter der PKP stimmten dafür.

Für die Sozialisten war damit der Beweis erbracht, dass die Kommunistische Partei mithilfe der MFA-Linken ihre Macht ausbaute und die SP in der Regierung marginalisiert war. Damit wurde die PKP für sie zum Hauptgegner, und jede inhaltliche politische Übereinstimmung von PKP und MFA-Linken galt künftig als Beweis für den wachsenden Einfluss der Kommunisten. Der Bruch war öffentlich vollzogen. Vor allem Ministerpräsident Vasco Gonçalves wurde seither wie im Herbst 1974 von Spínola nun auch von der SP-Führung und den bürgerlichen Parteien zum Mann der PKP erklärt, um ihn innerhalb der MFA-Führung zu isolieren.

Eine zweite Kontroverse löste der wirtschaftspolitische Drei-Jahres-Plan aus, der von der Antunes-Kommission vorgelegt wurde. Er schien den MFA-Linken nicht weitreichend genug, insbesondere nachdem am 3. Januar 1975 eine Versammlung von 5.000 Bankangestellten den Antrag an die Regierung verabschiedet hatte, alle großen Banken zu verstaatlichen. Mário Soares und der PPD-Minister drohten daraufhin am 19. Februar mit Rücktritt aus der Regierung, sollte dieser Antrag beschlossen werden. Der Rücktritt war kalkuliert und mit der Erwartung verbunden, er könne die Entmachtung der militärischen Linken und der Kommunisten einleiten.[61] Die Vorschläge der

61 Anfang 1975 – so konnte man damals im West-Berliner »Extradienst« lesen – wurde im Auswärtigen Amt der Bundesrepublik Deutschland die Lage in Portugal thematisiert und berichtet, SP und PPD planten, Mitte Februar eine Regierungskrise auszulösen. Außenminister Soares, so hieß es, werde mit Rücktritt drohen und so den MFA drängen, die Repräsentanten seines linken Flügels aus der Regierung zurückzuziehen. Auch das COPCON-Kommando, dessen Chef Otelo de Carvalho dem linken Flügel zugerechnet wurde, sollte aufgelöst und die Spinolisten sollten wieder in die Machtorgane integriert werden. (Der Chefredakteur des Extradienstes, Guggomos, wurde wegen dieses Artikels, der auf einem ihm zugespielten internen Rundschreiben des Auswärtigen Amtes beruhte, aus der SPD ausgeschlossen.)

Antunes-Kommission sahen zwar stärkere staatliche Kontrollen, doch keine weiteren Nationalisierungen vor. Es gelte, so Melo Antunes, vorsichtig, pragmatisch und wachsam gegenüber allen Gefahren zu sein und »behutsame Reformen« umzusetzen. Um eine neuerliche Regierungskrise zu vermeiden, wies der Ministerrat den Antrag zurück und verabschiedete am 21. Februar das »Wirtschaftsprogramm des Übergangs« der Antunes-Kommission.

Die linken MFA-Offiziere sahen sich durch den »Parteienstreit« in ihrer Avantgardefunktion bestätigt. Beeindruckt durch die Erfahrungen bei den Einsätzen im ländlichen Norden, äußerten einzelne Offiziere, man dürfe nicht riskieren, durch die Wahlentscheidung von unvorbereiteten, unpolitischen Wählern, die unter dem ideologischen Einfluss der alten Eliten, Bürgermeister, Priester und Lokalgrößen stünden, zu verlieren, was durch den 25. April begonnen wurde. Solche Äußerungen provozierten neuerliche Prophezeiungen von SP und PPD, es sei beabsichtigt, die Wahlen doch noch zu verschieben. Auch den Kommunisten wurde diese Absicht unterstellt, da ihnen bei ersten Umfragen nur rund 15 % der Wählerstimmen, SP und PPD hingegen jeweils an die 30 % prognostiziert wurden. Die PKP hatte kein Interesse an einer Verschiebung der Wahlen auf den Sankt-Nimmerleins-Tag, sie forderte aber aus gutem Grund, es müsse gewährleistet sein, dass wirklich alle Parteien im ganzen Land ungehindert ihre Positionen verbreiten könnten, wurden doch ihre Kader im Norden und auf den Atlantikinseln immer wieder gewaltsam an der Öffentlichkeitsarbeit gehindert und war die Fortexistenz des militanten und religiös verbrämten Antikommunismus aus der Zeit der Diktatur ein unabweisbares Faktum. Präsident da Costa Gomes beendete die Spekulationen, indem er Ende Februar den Wahltermin und den Wahlkampfbeginn bekannt gab und gegenüber dem *Spiegel* versicherte, der MFA werde die Diktaturen meiden, die am Wegesrand der Revolution lauerten.

Spínolas Putschversuche vom 11. März 1975

Nach dem 28. September befand sich Spínola außerhalb der institutionalisierten Macht. Seine Anhänger versuchten nun, den MFA von innen unter Kontrolle zu bekommen. Es gelang ihnen, bei den Wahlen zum »Rat des Heeres«, also bei einer der Teilstreitkräfte, den MFA-Exponenten Otelo de Carvalho, Melo Antunes, Franco Charais und Vasco Lourenço eine Niederlage beizubringen und die Repräsentanten des MFA in den gewählten Strukturen zu schwächen. Zugleich bereiteten Offiziere des extrem rechten Lagers mit Verbindungen zu den Konspirateuren im spanischen Exil für Mitte März eine Militäraktion vor, bei der das revolutionäre Erste Lissabonner Artillerieregiment (RAL 1) zur Kapitulation gezwungen und der Rat der Zwanzig festgenommen werden sollten. Präsident da Costa Gomes sollte – so der Plan – die Haftbefehle unterschreiben. Spínola würde dann die Macht übernehmen, den Ausnahmezustand erklären, die demokratischen Freiheiten außer Kraft setzen, die Wahlen zur Konstituante verschieben und für November ein Referendum ansetzen, bei dem das portugiesische Volk mit einer einzigen Stimmabgabe den Präsidenten, die Verfassung, das Regierungsprogramm und die Abgeordneten für die Nationalversammlung wählen sollte.

Die Nachricht von der Putschvorbereitung gelangte auch ins Ausland. Der *Berliner Extradienst* meldete, der stellvertretende CIA-Direktor General Vernon Walters habe in Madrid von einem »Putsch chilenischen Typs« gesprochen, die Lissabonner Tageszeitung *A Capital* titelte »CIA planeia golpe em Portugal antes do fim de Março« (CIA plant Putsch in Portugal vor Ende März).

In der Nacht vom 10. auf den 11. März begaben sich Spínola und seine Offiziere zum Fallschirmjägerbataillon nach Tancos. Der Chef der Truppe erklärte den Offizieren des Regiments den Auftrag, mit Hubschraubern und Flugzeugen das Schlüsselregiment des MFA und des 25. April, das RAL 1 zu bombardieren.

Der Kommandant der Sicherheitspolizei PSP wollte sich der Aktion anschließen, wurde aber von ihm untergebenen Offizieren festgenommen. Mittags umzingelten die Fallschirmjäger die Kaserne des RAL 1, forderten die Einheit auf, sich zu ergeben und stellten ein Ultimatum, das der Kommandant Dinis de Almeida allerdings zurückwies. Zu diesem Zeitpunkt wurden die Fallschirmjäger bereits von einer Menschenmenge umringt. Zivilisten redeten auf die Soldaten ein und erklärten ihnen, sie seien getäuscht worden. Der Putsch misslang, die Fallschirmjäger verbrüderten sich mit den Artilleristen und zogen wieder ab. Ein Kommando der Putschisten versuchte vergeblich, die zentralen Rundfunk- und Fernsehstationen zu besetzen. Die erwartete Signalwirkung bei anderen Einheiten blieb aus, sicher auch, weil Präsident da Costa Gomes, bestrebt einen Bürgerkrieg zu verhindern, im Vorfeld seinen Einfluss auf die Kommandeure geltend gemacht hatte. Spínola war endgültig kompromittiert und floh ins Schweizer Exil. Er hatte offenkundig den Einfluss seiner Anhänger in der Armee überschätzt und nicht mit der Abneigung vieler konservativer Offiziere gegenüber den rechtsextremen Protagonisten des Putsches gerechnet.

V.
Beschleunigung des Sozialisierungsprozesses und erfolgreiche Gegenoffensive

Die Konsequenzen aus dem fehlgeschlagenen Putsch

Mit dem Scheitern Spínolas wuchs die Bedeutung von Mário Soares und seiner Partei im Kalkül der konterrevolutionären Akteure. Die »Europäer« und Caetanisten setzten nicht mehr nur auf die Liberalen vom PPD, sondern akzeptierten jetzt auch den Machtanspruch der Sozialisten. Damit hatte Soares ein wichtiges Ziel erreicht. Er war auf dem Weg, ein international anerkannter Repräsentant des neuen Portugal zu werden. Im Vordergrund aller Bemühungen stand nun, jede weitere Linksentwicklung aufzuhalten, die radikalisierte und politisierte ArbeiterInnenbewegung der Industrieregionen und der Latifundien in die Schranken zu weisen und möglichst schnell jene geordneten kapitalistischen Verhältnisse zu etablieren, die die Voraussetzung für westliche Kredite und Wirtschaftshilfen waren.

Vordergründig stärkten die Ereignisse jedoch zunächst den linken Flügel des MFA und bestätigten all jene, die – wie PKP, MDP, die linkssozialistischen Gruppen innerhalb und außerhalb der Sozialistischen Partei, TrotzkistInnen und AnarchistInnen – eine ökonomische Entmachtung der alten Eliten nicht länger aufschieben wollten.

Institutionalisierung aller Errungenschaften des revolutionären Prozesses

Zum strategischen Ziel für die Politik der militärischen und zivilen Linken der folgenden Monate wurde die Vertiefung des revolutionären Prozesses (des »processo revolucionário em curso«), d. h. die Durchsetzung der von der ArbeiterInnenbewegung geforderten radikalen ökonomischen und sozialen Reformen und betrieblichen Rechte durch die Übergangsmacht. Während für die »gemäßigten« Militärs und Sozialisten die Interessen der Unterklassen durch freie Wahlen ausreichend gewährleistet schienen, interpretierten der linke Flügel des MFA und die PKP sowie die MFA-Offiziere in der Regierung den im MFA-Programm enthaltenen Bezug auf die »Interessen der am meisten benachteiligten Klassen der Bevölkerung« im Sinne eines durch außerparlamentarische Aktionen legitimierten Einflusses der »Basis« auf die Macht.

»Linken« wie »gemäßigten« Militärs ging es auch darum, ihren neu gewonnenen politischen Einfluss nicht wieder preiszugeben. So beschloss eine MFA-Versammlung unmittelbar nach dem März-Putsch, den Rat der Zwanzig für drei bis fünf Jahre als »Obersten Revolutionsrat« in der künftigen Verfassung zu verankern. An die Übergangsperiode sollte sich eine Verfassungsreform anschließen, nach der sich die Militärs »in die Kasernen zurückziehen« würden.

Am 14. und 15. März beschloss die Versammlung die Nationalisierung von 80 % aller Banken und Versicherungen und kündigte weitere Nationalisierungen an. Die Neubesetzung der Führungsposten in der öffentlichen Verwaltung, in den Medien und in den Streitkräften sollte mit mehr Konsequenz vorangetrieben werden. Die Kompetenzen des COPCON wurden erweitert. Es sollte künftig die Umsetzung der Beschlüsse des Revolutionsrates polizeilich-militärisch absichern. Vasco Gonçalves wurde mit der Bildung einer Vierten Provisorischen Regierung beauftragt, die den beschlossenen Kurs zügig realisieren sollte.

Auf der Basis dieser Beschlüsse verhandelte der Revolutionsrat nun mit den politischen Parteien über einen Verfassungspakt, von dessen Zustandekommen er die Festlegung des Wahltermins zur Konstituante abhängig machte. Die Parteien sollten vor den Wahlen anerkennen, dass der Revolutionsrat für eine Übergangsperiode von drei bis fünf Jahren Bestandteil des konstitutionellen Systems bleiben werde, dass die einzige Aufgabe der Konstituante die Erarbeitung einer Verfassung sei und dass das Wahlergebnis keinen Einfluss auf die Zusammensetzung der Provisorischen Regierung haben werde. Der Revolutionsrat legte Wert darauf, dass die »Errungenschaften der Revolution«, also die Eingriffe in die Eigentumsverhältnisse und die sozialistische Orientierung, in die Verfassung Eingang finden sollten.

Die Vierte Provisorische Regierung als Exekutive eines Nationalisierungsprogramms

Am 26. März nahm die Vierte Provisorische Regierung ihre Arbeit auf. Besetzung und Ressortverteilung brachten Positionsverluste für SP und PPD. Ministerpräsident Vasco Gonçalves zeigte sich entschlossen, den Linkskurs des MFA zur Not auch ohne den Konsens mit der SP durchzusetzen. Er holte neben PKP, SP und PPD nun auch den MDP/CDE wieder mit einem Minister in die Regierung. Mário Soares gab das Außenministerium an Hauptmann Melo Antunes ab und wurde Minister ohne Geschäftsbereich. Ein Ministerium für Landwirtschaft und Fischerei sollte die Agrarreform auf den Weg bringen. Ein mit parteilosen Experten besetztes Planungsministerium mit einer ständigen Arbeitsgruppe, die das Industrie-, Planungs- und Wirtschaftsministerium koordinierte, hatte die Aufgabe, den nationalisierten Sektor zu organisieren, Beschäftigung zu schaffen und die Belegschaften bei der Unternehmensführung von Betrieben unter staatlicher Treuhandschaft zu unterstützen.

Zwar war mit den Beschlüssen zur Nationalisierung das von SP und PPD unterstützte Wirtschaftsprogramm der Antunes-Kommission nicht außer Kraft gesetzt, doch Tempo und Ausmaß der Staatseingriffe gingen weit darüber hinaus. Auf die Verstaatlichung der Banken und Versicherungen folgte die der Schlüsselindustrien und weiterer wichtiger Unternehmen[62]. Der nationalisierte Sektor belief sich schließlich auf 38 % des Kapitals aller portugiesischer Unternehmen. Sein Umfang entsprach damit quantitativ den Eigentumsstrukturen anderer westeuropäischer Länder. Die portugiesische Wirtschaft blieb eine gemischte Ökonomie mit einem großen Bereich kleiner und mittlerer Privatunternehmen und einer Reihe von den Nationalisierungen ebenfalls unberührter internationaler Konzerne, deren Konditionen und Präferenzen nicht angetastet wurden. Auch die Sozialisten befürworteten in ihrer Stellungnahme die Nationalisierungen, drängten aber darauf, den nationalisierten Sektor klar zu begrenzen.

Die Regierung konkretisierte das Wirtschaftsprogramm der Antunes-Kommission mit einem Beschluss über »Allgemeine Grundlagen der wirtschaftlichen Notprogramme«. Ein Anhang zu diesem Dokument leitete die Agrarreform ein. Einem Vorschlag der Sozialisten folgend sollten alle Höfe verstaatlicht werden, die sich ganz oder teilweise im Einzugsbereich der öffentlich geförderten Bewässerungsanlagen befanden und eine Fläche von 50 ha überstiegen. In Trockengebieten wurde die Enteignungsgrenze bei 500 ha festgelegt. Ein Notkredit für kleine und mittlere landwirtschaftliche Betriebe, eine Erhöhung der Erzeugerpreise und Absatzgarantien für Direktvermarkter folgten. Dies war ein Versuch, die Macht der großen Zwischenhändlerketten einzudämmen. Verstaatlichungen von

---

62 Schließlich gingen insgesamt 245 Unternehmen, darunter 24 Banken und Kreditinstitute, 36 Versicherungsgesellschaften, 16 Elektrizitätswerke, fünf Erdölgesellschaften, zwei Bergbauunternehmen, ein Stahlwerk, vier Chemiefabriken, zwei metallverarbeitende Betriebe, sechs Zellulosehersteller, drei Tabak-, sieben Getränkefabriken, acht Fischereiunternehmen, 96 Fuhrunternehmen, acht Schifffahrtslinien, eine Luftfahrtgesellschaft, zehn Radio – und Fernsehgesellschaften, vier Verlage und Druckereien in öffentliches Eigentum über.

Großgrundbesitz wollte die Regierung »im Dialog mit LandarbeiterInnen und kleinen und mittleren Landwirten« über neu zu bildende »Regionale Räte der Agrarreform« umsetzen. Die Umsetzung dieses Beschlusses scheiterte zunächst an Boykotten und bürokratischen Verwaltungsstrukturen, und die gewerkschaftlich organisierten LandarbeiterInnen wollten nicht auf die Einrichtung dieser Räte warten, sondern fuhren mit den Besetzungen und der Bildung von Kooperativen fort.

Nach den Vorstellungen des Ministerpräsidenten sollte der staatliche Sektor zum Motor der portugiesischen Wirtschaft werden. Die erforderlichen Anstrengungen zur Modernisierung und Entwicklung der Produktion – eine »batalha da produção« (Produktionsschlacht) – sollten von den arbeitenden Klassen geleistet werden. Ein Katalog sozialpolitischer Maßnahmen wie Arbeitslosenunterstützung, Mutterschutz und Schutzrechte bei Entlassungen und bei Betriebsstilllegungen setzten deutliche Zeichen für die Orientierung an den Interessen der Unterklassen. Insbesondere für die LandarbeiterInnen im Alentejo stellten diese Maßnahmen eine immense Verbesserung ihrer Lage dar. Zum ersten Mal gab es für sie die Aussicht auf so etwas wie soziale Sicherheit. In den staatlichen Betrieben wurde die Kontrolle der Geschäftsführung in Zusammenarbeit von staatlichen Leitern, Gewerkschaften und ArbeiterInnenkommissionen ausgeübt. Bei seinen öffentlichen Auftritten erläuterte der Ministerpräsident die ökonomischen Schwierigkeiten des Landes, rief zu Geduld und gemeinsamen Anstrengungen, warnte vor überzogenen Erwartungen und bat um Verständnis für die Lage kleinerer und mittlerer Unternehmen.

Den meisten ultralinken Gruppen war der Regierungskurs nicht revolutionär genug. Sie sahen darin den Versuch, die ArbeiterInnenklasse mittels der PKP und der Gewerkschaften in ein staatskapitalistisches System zu integrieren. Sie forderten stattdessen »direkte ArbeiterInnenmacht« vor Ort: Produktionsentscheidungen sollten auf Betriebsversammlungen fallen und basisdemokratisch in offener Abstimmung gewählte und jederzeit absetzbare Ausschüsse sollten die Betriebe leiten. Diejenigen ArbeiterInnenkommissionen, die von den Ultralinken kontrolliert wurden, bildeten eine eigene »Gegenmacht«-Struktur, die »Intercommissões de Trabalhadores«. Die von PKP und »Intersindical« geführten Kommissionen suchten zum Teil die Zusammenarbeit und entsandten VertreterInnen in die »Intercommissões«, teilweise bekämpften sich die Strömungen aber auch heftig.

Wahlkampf zur Konstituante und Wahlergebnis

Am 11. April legte der Revolutionsrat den Parteien einen Verfassungspaktentwurf vor. PKP, MDP/CDE, SP, PPD, CDS und PDC unterzeichneten. Die ultralinken Gruppen lehnten ab. Die Unterschrift von SP, PPD und CDS sollte sich bald als taktisch motiviert erweisen. Ihnen ging es einzig darum, eine Verschiebung der Wahlen zu verhindern. Der Wahltermin wurde nun endgültig auf den 25. April 1975 festgelegt.

Im Wahlkampf präsentierte sich der PPD als sozialdemokratische Kraft, der CDS stellte sich als Partei des freien Unternehmertums vor, orientiert an den Christdemokraten und Konservativen Europas. Die Sozialisten traten – wie auf ihrem Parteitag beschlossen – unter den Losungen »für einen demokratischen Sozialismus«, einen »Sozialismus in Freiheit« auf der Basis des »Pluralismus« an, in scharfer Polemik gegen die PKP, die sie als »totalitäre«, »antipluralistische« Partei attackierten und der sie vorwarfen, über die gewerkschaftliche »unicidade« und über die Besetzung von Schlüsselpositionen in Kommunen, Medien und Betrieben die Eroberung der Macht zu betreiben. Die Mehrzahl der ultralinken Gruppen rief entweder zum Wahlboykott auf oder beteiligte sich – wie das maoistische Wahlbündnis UDP[63] –

63 União Democrática Popular, maoistische Partei, die an der Gründung des Bloco de Esquerda 1999 beteiligt war, sich 2013 aber wieder davon distanzierte

mit dem ausschließlichen Ziel, Wahlen als »bourgeoises« Arrangement zu denunzieren. In Nordportugal griff die katholische Kirche aktiv in den Wahlkampf ein, erklärte die Stimmabgabe zur Christenpflicht und unterstützte mehr oder weniger offen den PPD oder den CDS.

Das Wahlergebnis vom 25. April 1975 zeigte die Einflussbereiche der Parteien. Mit 12% der Stimmen und einer extrem unterschiedlichen regionalen Verteilung (überdurchschnittlich im Alentejo und im Industriegürtel um Lissabon, schwach im Norden und auf den Atlantikinseln) dokumentierte die PKP ihren Einfluss innerhalb der ArbeiterInnenschaft der Industriezentren und der Latifundienregion. Mit 22% versammelten sich bei der PPD der Hauptteil der Stimmen aus dem bürgerlichen Lager und die von der Kirche mobilisierten bäuerlichen Wählerschichten aus Nordportugal. Als Partei der Großagrarier, der konservativen Großbourgeoisie mit breiter Grauzone zu den Salazaristen gewann der CDS sieben Prozent. Die Wahlsiegerin SP profilierte sich als interklassistische Partei mit 38%. Viele ArbeiterInnen Nordportugals, breite Teile der lohnabhängigen Mittelschichten der Städte sowie große Teile des Kleinbürgertums votierten für die Sozialisten. Dazu kamen Leihstimmen, die von den Agrariern im Alentejo mobilisiert wurden. Der MDP/CDE erreichte nur 4%. Einem Aufruf des MFA zum »voto branco«, d.h. zur Abgabe leerer Stimmzettel von WählerInnen, die sich für keine Partei entscheiden, wohl aber ihre Zustimmung für den MFA dokumentieren wollten, folgten 7%. Wurden die Stimmen der den radikaleren Linkskurs unterstützenden PKP und MDP/CDE mit dem »voto branco« für den MFA addiert, ergab sich immerhin ein Ergebnis von 23%.

Die hohe Wahlbeteiligung von 91% wurde von den Parteien als Beleg für die politische Reife der Bevölkerung gewertet. Für den ländlichen Norden des Landes und für die Inseln dürften jedoch – anders als diese pauschale Bewertung unterstellt – vor allem das ungewöhnlich starke Interesse der Kirche, die

Gläubigen zur Stimmabgabe zu drängen, die hohe Beteiligung erklären und die materielle Abhängigkeit von ortsansässigen Honoratioren, klerikaler Einfluss, tief sitzender Antikommunismus und politische Unerfahrenheit das Resultat der Stimmabgabe beeinflusst haben.

Gestützt auf die Tatsache, dass alle Parteien den Verfassungspakt unterzeichnet hatten und dass sich nicht nur die SP im Wahlkampf zu den Zielen des MFA-Programms und zum Aufbau eines sozialistischen Portugals bekannt hatte, sondern auch der PPD sich als sozialdemokratisch-sozialistisch darstellte, interpretierten der Revolutionsrat, der Präsident der Republik und der Ministerpräsident das Wählervotum als Auftrag, die Kooperation aller am Sozialismus interessierten Kräfte fortzusetzen, und bemühten sich weiter um eine Verständigung zwischen SP und PKP.

Das Wahlergebnis als Ausgangspunkt für die bürgerlich-sozialistische Gegenoffensive der Parteien und der NATO-Staaten

Die SP war weit entfernt von solchen Vorstellungen und eskalierte schon unmittelbar nach den Wahlen den Konfrontationskurs gegen die PKP. Sie wählte dafür die von der Intersindical organisierte 1. Mai-Kundgebung im Lissabonner Fußballstadion. Ihre AnhängerInnen protestierten während der Kundgebung lautstark gegen die von ihnen bekämpfte gesetzlich verankerte »unicidade«. Mário Soares provozierte Zusammenstöße mit Gewerkschaftsordnern, indem er sich den Zugang zur Ehrentribüne erzwingen wollte. Vor der internationalen Presse erklärte er, die Kommunisten hätten ihn gewaltsam am Reden gehindert. Es war der Auftakt zu einer Konfrontationsstrategie, die gezielt ausländische Medien einbezog und das Ziel verfolgte, eine Regierungsumbildung entsprechend dem Wahlergebnis durchzusetzen.

Als erste forderten PPD und CDS eine Neuverteilung der Ressorts in der Regierung. Der CDS verlangte, in Gleichbehandlung mit dem MDP/CDE in die Regierung aufgenommen zu werden. Die Sozialisten erhöhten sukzessive den Druck auf den Revolutionsrat und den MFA, indem sie behaupteten, Ministerpräsident Vasco Gonçalves und die Vierte Provisorische Regierung seien von den Kommunisten manipuliert und diese verfolgten das Ziel, Portugal in eine Volksdemokratie östlichen Typs zu verwandeln. Die These von der »schleichenden kommunistischen Machteroberung« wurde zum Leitmotiv. Nach der Skandalisierung des kommunistischen Einflusses in den Gewerkschaften der Intersindical stellten SP, PPD und CDS auch die Besetzung der nach dem 25. April gebildeten EinwohnerInnenkommissionen in Frage und forderten unverzügliche Kommunalwahlen. Wenig später sollte es um den Einfluss in den Medien gehen.

Die Fälle República und Radio Renascença

Mit der Nationalisierung der Banken ging eine Reihe von Zeitungen, die sich im Besitz dieser Geldinstitute befanden, in Staatseigentum über, ohne dass die Verwaltungs- und Mitbestimmungsstruktur in den Verlagen und Zeitungen geregelt war. Belegschaften der Druckereien und Redaktionen nahmen sich seit dem Sturz der Diktatur das Recht, auf Betriebsversammlungen über die Geschäftsführung zu entscheiden, Inhalte und Äußerungen, die ihrer Auffassung nach »faschistisch« oder »konterrevolutionär« waren, zurückzuweisen und Personalentscheidungen durchzusetzen.

Der Informationsminister der Dritten und Vierten Provisorischen Regierung gehörte der 5. Division des Generalstabs und Propagandaabteilung des MFA an. Er nutzte sein Amt, um Leitungspositionen in den staatlichen Medien, insbesondere auch beim staatlichen Rundfunk und Fernsehen neu zu besetzen. In diesem Zusammenhang zog auch eine Reihe PKP-Kader in die Rundfunk- und Fernsehstudios und in die Redaktionen mehrerer Lissabonner Tageszeitungen ein. So wurde beispielsweise der Schriftsteller und spätere Nobelpreisträger José Saramago für einige Monate stellvertretender Chefredakteur des *Diário de Notícias*. Die Sozialisten, die während der Ersten Provisorischen Regierung den Informationsminister gestellt und diese Position auch für parteikonforme Personalpolitik genutzt hatten, werteten dies als kommunistische Machtübernahme in den Medien.

Die *República* – ein traditionsreiches Blatt aus der Zeit der ersten Republik – gehörte nicht zu den verstaatlichten Medien. Sie war seit ihrem Bestehen in Privatbesitz von Anteilseignern und wurde von Raul Rego, einem bekannten Weggefährten von Mário Soares und Mitbegründer der Sozialistischen Partei, geleitet. Nach den Auftritten von Soares am 1. Mai warf die Belegschaft des Blattes Rego einseitige Berichterstattung über die Vorkommnisse vor und beschuldigte ihn, er habe aus einem überparteilichen Oppositionsblatt eine Parteizeitung der Sozialisten gemacht. Nachdem Rego sich weigerte, die Berichterstattung zu korrigieren, beschloss eine Betriebsversammlung am 18. Mai, die gesamte Leitung des Blattes abzusetzen. Dieser Beschluss wurde am Tag darauf von der Sozialistischen Partei als »Bedrohung der Pressefreiheit durch die Kommunisten« angeprangert. Dabei wurde unterschlagen, dass die Initiative von einer ultralinken Mehrheit in der Belegschaft ausging und die PKP mit der Aktion nichts zu tun hatte. Gleichwohl geisterte seither die Nachricht vom kommunistischen Versuch, die Sozialistische Partei mundtot zu machen, durch die westlichen Medien.

Der »Fall República« blieb während der folgenden Monate ein ständiger Stein des Anstoßes und wurde von beiden Seiten – SP und Belegschaft – immer weiter eskaliert. Die Sozialistische Partei verlangte von Regierung und Revolutionsrat ultimativ die Wiedereinsetzung der Leitung des Blattes. Der Revolutionsrat suchte am 8. Juli 1975 in Verhandlungen mit den BesetzerInnen und SP-Vertretern nach einer Lösung, doch erstere waren nicht bereit einzulenken. Im Gegenteil: Die Belegschaftsversammlung beschloss kurzerhand, die Zeitung in Verantwortung der ArbeiterInnen weiterzuführen. Dies wiederum veranlasste Mário Soares, seinen Protest persönlich vor dem Gebäude der Zeitung mit einer Sitzwache kund zu tun. Der Revolutionsrat benannte daraufhin einen aus Militärs bestehenden Verwaltungsrat und eine neue Geschäftsführung und verstand dies als Übergangslösung. COPCON-Truppen sollten die Besetzung beenden. Doch die ultralinken AktivistInnen erklärten den Militärs, dass sie den Beschluss nicht akzeptierten und ließen es auf eine gewaltsame Räumung ankommen. Die Militärs, die als Ordnungskraft den Beschluss des Revolutionsrates umsetzen sollten, fühlten sich den ArbeiterInnen mehr verpflichtet als ihrem Auftraggeber und beschlossen, nicht gewaltsam gegen die Besetzung vorzugehen. Damit lieferten sie der bürgerlichen Öffentlichkeit den Beweis, dass dem Revolutionsrat die Autorität fehlte, gefasste Beschlüsse auch umzusetzen. COPCON und Revolutionsrat zogen nicht mehr an einem Strang.

Der »Fall República« blieb für die internationale Presse ein Fanal für die Bedrohung der Pressefreiheit und der Demokratie in Portugal. Dabei geriet völlig aus dem Blick, dass, was die Presse betraf, ein breite Vielfalt herrschte, in der alle politischen Richtungen von ultralinks bis extrem rechts vertreten waren.

Doch war dies nicht der einzige nach diesem Schema eskalierende Konflikt. Schon am 25. Mai hatte die ebenfalls von Ultralinken dominierte Belegschaft *Radio Renascença* eigenmächtig übernommen, einen Sender, der dem Episkopat der katholischen Kirche gehörte und der in den Augen der BesetzerInnen konterrevolutionäre und faschistische Propaganda betrieb. Entgegen den Anweisungen des Revolutionsrates, die Aktion unverzüglich zu beenden, beschlossen die Vertreter der Belegschaft am 8. Juli, aus dem Sender eine »Volkskooperative für Information im Interesse des werktätigen Volkes« zu bilden. Der Revolutionsrat setzte hier ebenfalls einen Verwaltungsrat aus Militärs ein, der bis auf weiteres für die Geschäftsführung verantwortlich sein sollte. Auch hier ließ das COPCON die BesetzerInnen gewähren. Nun schlug auch die Kirche Alarm, verlangte die unverzügliche Rückgabe des Senders und hatte einen Grund mehr, die Gläubigen im Norden des Landes auf die Kommunisten zu hetzen.

Die Minister und Staatssekretäre der SP verließen am 10. Juli die Regierung und erklärten, erst wieder zurückzukehren, wenn die *República* in die Verfügung der alten Besitzer zurückgegeben sei. Einige Tage später schloss sich der PPD an. Die Sozialisten ernteten scharfe Kritik von links, auch vom eigenen linken Flügel. Die »Sozialistische Volksfront« FSP[64] sprach vom »Beginn eines unvermeidlichen Bruchs zwischen antagonistischen Kräften«. Und in der Tat markierte diese Regierungskrise den Anfang vom Ende der Linksregierung aus MFA und ArbeiterInnenbewegung.

Innerhalb des MFA und im Revolutionsrat hatte Ministerpräsident Gonçalves zu dieser Zeit noch die Unterstützung von Otelo de Carvalho, dem Kommandanten der Militärregion Lissabon, zu dessen Einflussbereich auch das COPCON und das Erste Artillerieregiment (RAL 1) unter Dinis de Almeida gehörten, das am 11. März dem Angriff der Putschisten standgehalten hatte. Unterstützt wurde er von den Offizieren der 5. Division, der auch die »Dynamisierungskommissionen« unterstellt waren, vom Kommandanten der Militärregion Nord, Brigadegeneral Eurico Corvacho, und vom Hochkommissar in Angola, Marineadmiral Rosa Coutinho. Keiner von ihnen gehörte der PKP an oder wurde von ihr »kontrolliert«, wie Mário Soares unterstellte. Doch bestand eine Übereinstimmung in vielen programmatischen Vorstellungen und eine Verlässlichkeit im Bündnis, auf das beide Seiten gleichermaßen angewiesen waren.

---

64 Frente Socialista Popular; es handelt sich um eine Gruppe, die sich als Fraktion in der SP zusammengeschlossen hatte und die Partei zeitweilig verließ.

Außerhalb des Revolutionsrates hatte sich zu diesem Zeitpunkt bereits eine Gruppe »gemäßigter« Offiziere um Melo Antunes mit dem Präsidenten da Costa Gomes über die Notwendigkeit verständigt, die radikale Linke zu stoppen und den revolutionären Prozess wieder zu entschleunigen.

Die Verfassungsgebende Versammlung und die ultralinken Varianten der Volksmacht (»poder popular«)

Ein strategischer Ort im politischen Kampf um den künftigen Weg Portugals war die Verfassungsgebende Versammlung. PPD, SP und CDS suchten nach Wegen, zu einer Verfassung zu kommen, ohne die »revolutionären Errungenschaften« und den Revolutionsrat als deren Wächter zu verankern, und die Konstituante zu einem de-facto Parlament umzufunktionieren. Dies gelang nicht, doch erreichten sie die Einführung des ständigen Tagesordnungspunktes »Vor Eintritt in die Tagesordnung«, so dass alle Kontroversen der Tagespolitik in der Konstituante debattiert wurden. PKP- und MDP/CDE-Abgeordnete appellierten vergeblich an das Präsidium der Versammlung, zur eigentlichen Aufgabe überzugehen und Entwürfe für die neue Verfassung zu diskutieren.

Nach der Eröffnung der Konstituante am 2. Juni 1975 begann innerhalb und außerhalb des MFA eine hektische Debatte zur Frage, welcher Sozialismus in Portugal etabliert werden und auf welchem Weg die sozialistische Gesellschaft entstehen sollte. Dabei spielten die ultralinken Gruppen eine zweifelhafte, aber prominente Rolle. Der an Che Guevara und Stadtguerillaideen orientierte PRP-BR, der im COPCON über Einfluss verfügte und Kader in der Führung der Sicherheitspolizei PSP platziert hatte, aber auch MES, LUAR und andere eher militant linksradikale Organisationen definierten das »Bündnis Volk–MFA« als »direkte Aktion« der ArbeiterInnen und der »Volksmassen«, das sich über Vollversammlungen in den Wohnquartieren und in den Betrieben realisiere. Sie bauten ihre Basis durch »eigene« Land- und Betriebsbesetzungen aus und initiierten eine neue Welle von Haus- und Wohnungsbesetzungen in Lissabon und Porto, für die sie BewohnerInnen der »bairros da lata«, der Elendsviertel, mobilisierten. Unter anderem wurden Rohbauten in Besitz genommen, die im Rahmen eines Wohnungsbauprogramms der Regierung entstanden, so dass der Ministerpräsident an die Vernunft der BesetzerInnen appellierend darum bat, die Fertigstellung der Wohnungen nicht auf diese Weise zu verhindern.

Die militanten Gruppen spielten das leninistische Modell der Oktoberrevolution nach und definierten »poder popular« als Errichtung der »Doppelherrschaft«, als parallele Struktur neben dem Staatsapparat und der Konstituante, die es zu bekämpfen und abzuschaffen galt. Gestützt auf die »revolutionären Militärs« und »bewaffnete Volksmilizen« sollte eine neue Macht entstehen. Der MRPP veranstaltete »Volkstribunale« und misshandelte Personen, die als »Faschisten« bezeichnet wurden. Es war eine abenteuerliche Politik mit viel provokatorischem Potential, geeignet, den Vorwand für ein »hartes Durchgreifen« von konservativen und rechten Sektoren der Armee und rechten Putschisten zu liefern, zumal sich Anhänger maoistischer Gruppen auch unter Offizieren und Soldaten verschiedener Regimenter befanden. Immer wieder wurden die Gestikulationen dieser Gruppen von der Sozialistischen Partei als Beginn »kommunistischer Machteroberung« dargestellt und wider besseren Wissens der PKP zugerechnet[65], die die Kräfteverhältnisse in der Armee und im Land realistisch einschätzte und solche Konzepte als gefährliches »Abenteurertum« und Spiel mit dem Feuer verurteilte.

Die militärische Linke im Revolutionsrat griff das Konzept

65 Inwieweit die CIA, die sich im Nachhinein rühmte, alle antikommunistischen Parteien und Gruppen einschließlich der Maoisten finanziert zu haben (nachzulesen bei Tiago Moreira de Sá, vgl. Anm. 58), bei der zeitlichen Abstimmung der Provokationen ihre Hand im Spiel hatte, wurde nie aufgedeckt – eine gewisse Plausibilität hat dies aber.

des »poder popular« auf, war jedoch bestrebt, die »revolutionäre Legitimität« der »Basis« und die »durch Wahlen fundierte Legitimität« zu verbinden. Mit der Veröffentlichung eines »Politischen Aktionsplans« am 21. Juni sollten das Auseinanderdriften der linken Strömungen aufgehalten und ein Konsens hergestellt werden. Die Nationalisierungen, die Rechte der ArbeiterInnenkommissionen und der lokalen Basisorganisationen sollten in die Verfassung Eingang finden. Die Bedeutung der politischen Parteien, der Gewerkschaften und des Pluralismus wurde hervorgehoben. PKP und MDP brachten in der Konstituante einen Verfassungsentwurf ein, der diesen Vorgaben entsprach.

Innerhalb des MFA bildete die Verabschiedung des Politischen Aktionsplans den Auftakt für eine wahrhafte »Planeritis« (»planite« – so Vasco Gonçalves im Nachhinein). Schon drei Wochen später erschien ein »Leitfadendokument« (»Documento Guía Povo – MFA«) zur weiteren Konkretisierung, das nun den Akzent auf die ausführliche Beschreibung eines revolutionären Rätesystems legte und dessen Verhältnis zum System der parlamentarischen Demokratie und der Parteien unklar war. Dieses Dokument lieferte Mitte Juli 1975 den letzten Anlass für jene Regierungskrise, die sich schließlich auf den Revolutionsrat und den gesamten MFA erstreckte.

Offene Kampfansage an die militärische Linke und ultralinke Träume

Am 11. Juli wurde in der Konstituante der Generalangriff auf den MFA eröffnet. Der Fraktionsvorsitzende der SP bezeichnete das Leitfadendokument als Text, der dem früheren MFA-Programm widerspreche und als eine Missachtung des Wählervotums. Der PPD kritisierte es gar als Verstoß gegen die Menschenrechte. Eine ganze Serie von Kundgebungen und Gegenkundgebungen folgte. Während Anhänger von SP und PPD am 16. und 17. Juli in Lissabon und Porto skandierten: »O Povo não está com o MFA« (»Das Volk ist nicht auf der Seite des MFA«), mobilisierten PKP, Intersindicalgewerkschaften und linksradikale Basiskomitees zu Versammlungen und Kundgebungen unter der Gegenparole »O Povo está com o MFA«.

Die ultralinken Gruppen veranstalteten erste »revolutionäre Volksversammlungen« in einzelnen Stadtteilen Lissabons, besetzten weitere Häuser und funktionierten sie zu »Volkskindergärten«, »Volkskliniken«, »Kulturhäusern« um. Lissabon und der Industriegürtel der Tejo-Region wurden im Sommer 1975 zum Laboratorium sozialistischer Experimente, die linksradikale Gruppen aus dem westlichen Ausland anlockten. Statt der ausbleibenden Feriengäste, die von der Revolution abgeschreckt, lieber woanders Urlaub machten, kamen nun RevolutionstouristInnen. Linke aller Lager trafen sich an der Algarve-Küste und in Lissabon und debattierten über den richtigen Weg zum Sozialismus. ArbeiterInnenkommissionen und Soldaten zeigten stolz »ihre« Betriebe und Kasernen. Der Traum von Basissozialismus, direkter Demokratie und Volksmacht schien wahr geworden. Während die Kader der PKP vor »esquerdismo«, ultralinker Euphorie, und der Gefahr warnten, die Gegenkräfte zu unterschätzen, diskutierten ultralinke Militante aller Länder in den Lissabonner Straßencafés, wie die Soldaten der »revolutionären« Kasernen das Volk bewaffnen und der Konterrevolution samt NATO den Garaus machen würden.

Die ultralinken Gruppen nahmen das »Leitfadendokument« als Revolutionsverfassung und erklärten die Konstituante für obsolet. Der Bürgerblock einschließlich Sozialistischer Partei griff diese Anmaßung auf und trieb die Polarisierung weiter voran. Der kompromisslose Kurs der Sozialisten trieb die »Gonçalvisten« und die PKP zwangsläufig weiter nach links in ein zeitweiliges Zweckbündnis mit Teilen der Ultralinken. Da PPD und SP das Leitfadendokument zum Bruchpunkt machten, mobilisierten auch die Intersindical-Gewerkschaften ihre Mitglieder zur Unterstützung dieses Dokumentes. Die 5. Division beim Generalstab lancierte eine Plakataktion zur Unterstützung des »companheiro Vasco«. Auf einer Demonstration in Porto sprach der Kommandant der Region Nord, Corvacho, der der militärischen Linken zuzurechnen war und auf dessen Absetzung Spínolisten und Konservative hinarbeiteten, von einem Kampf auf Leben und Tod gegen den Kapitalismus.

Die Kämpfe der Industrie- und LandarbeiterInnen und lohnabhängigen Mittelschichten in Betrieben und Wohngebieten

Im Verlauf des Sommers 1975 wurden auf Antrag von Belegschaften weitere 261 Unternehmen – in der Regel Mittelbetriebe aus dem Bau- und Textilsektor – unter staatliche Treuhandschaft (»intervençáo«) gestellt. Im Alentejo beschleunigten die Gewerkschaften der LandarbeiterInnen die Besetzungen von Ländereien und gründeten weitere Genossenschaften und »Kollektive Produktionseinheiten« (UCPs[66]). Am 23. Mai hatte die Regierung die Gewährung landwirtschaftlicher Sofortkredite angeordnet. Am 29. Juni wurden Kredite für Agrarkooperativen freigegeben. Am 4. Juli kündigte die Regierung an, die Agrarreform voranzubringen. Am 5. Juli wurden die ersten »Regionalen Räte für Agrarreform« gegründet. Ein Gesetz über die Agrarreform wurde schließlich noch vor der Regierungskrise, allerdings bereits in Abwesenheit der Minister von SP und PPD beschlossen, trat aber nicht in Kraft. Am 8. Juli fanden in Beja und in Évora Generalversammlungen der Gewerkschaften der LandarbeiterInnen statt, an denen der Zivilgouverneur und MFA-Vertreter teilnahmen. Dort wurden zahlreiche Belege für Wirtschaftssabotage und obstruktive Aktivitäten der Agrarier vorgelegt. Die Gewerkschaften forderten, dass die »Regionalen Räte« unverzüglich ihre Arbeit aufnehmen sollten, auch wenn

66 Unidades colectivas de produção. Die UCPs waren keine Bauerngenossenschaften. Sie wurden von LandarbeiterInnen gebildet, die sich als Arbeitskollektive landwirtschaftlicher Großbetriebe verstanden.

die endgültigen Definition der Regeln für Enteignungen durch ein Gesetz noch ausstanden und das Gesetz noch nicht in Kraft war.

Der »heiße Sommer« 1975 – die Gegenoffensive

Die Regierungskrise Mitte Juli war das Signal für den Beginn des »heißen Sommers«, einer Welle von Terror, Brandanschlägen und Überfällen auf Büros und Versammlungen der PKP und anderer linker Gruppen in Nordportugal und auf den Inseln. So trat am 12. Juli auf den Azoren zum ersten Mal die separatistische »Befreiungsfront der Azoren« FLA[67] auf den Plan, zerstörte das Gymnasium von Angra do Heroismo und forderte die Absetzung eines Gouverneurs, der dem MDP/CDE angehörte. Am 13. Juli zerstörte in Rio Maior, einer Hochburg des Großagrarierverbandes, ein erster Anschlag das dortige PKP-Büro. Daran schloss sich eine Serie von Überfällen in Nordportugal an. Von jenseits der spanischen Grenze operierten Kommandos des »Portugiesischen Befreiungsheeres« ELP[68], in dem sich die alte PIDE reorganisiert hatte. Die von Spínola unterstützte und von einem gewissen Alpoim Calvão (der schon am Putschversuch vom 11. März beteiligt gewesen war) geführte »Demokratische Bewegung zur Befreiung Portugals« MDLP[69] nahm systematisch Einfluss auf Militäreinheiten in Nordportugal, konspirierte gegen Eurico Corvacho und bereitete sich darauf vor, die Rückkehr Spínolas durch einen weiteren Putsch zu erzwingen.

---

67 Frente de Libertação dos Açores

68 Exercito de Libertação de Portugal

69 Movimento Democrático de Libertação Portuguesa. Der Autor Günter Wallraff enthüllte 1975 in einem »Under-Cover-Einsatz« Spínolas Interesse an einer Unterstützung der CSU bei Waffenkäufen für einen neuerlichen Putschversuch; vgl. ders. und Hella Schlumberger, Aufdeckung einer Verschwörung. Die Spínola-Aktion; Neuveröffentlichung 1982, in: Unser Faschismus nebenan. Erfahrungen mit Nato-Partnern

Auch die Kirche intensivierte ihre Aktivitäten. Der Bischof von Braga tat sich besonders hervor. Er rief am 13. Juli zu einer politischen Kundgebung gegen die Besetzung von Radio Renascença und appellierte an die »schlafenden Christen«, endlich aufzuwachen. Im Anschluss an die Kundgebung folgten Überfälle auf das örtliche PKP-Büro und auf eine Buchhandlung, die von einem bekannten Antifaschisten betrieben wurde. Am Tag darauf wurden in Rio Maior öffentlich Zeitungen verbrannt, in denen der Überfall auf die PKP-Büros verurteilt wurde. Am 27. Juli gelang 88 inhaftierten PIDE-Agenten die Flucht nach Spanien, wo sie sich den Putschisten und Terroristen des ELP anschlossen. Ebenfalls im Juli begann der von den USA und Südafrika unterstützte Bürgerkrieg gegen den MPLA in Angola, der eine Massenflucht von »Retornados« nach Portugal auslöste und den Truppenabzug verkomplizierte.

Druck der NATO-Staaten

Bei der Kampagne gegen die Vierte Provisorische Regierung und den MFA spielten die NATO, die EG und viele westeuropäische Staaten eine zentrale Rolle. Seit Mai 1975 führten Melo Antunes, nun als Außenminister, Regierungschef Gonçalves und Präsident da Costa Gomes Verhandlungen über die Entblockierung von Wirtschaftshilfen. Die EG-Staaten konfrontierten Antunes mit der Position, dass Kredite und Hilfen erst gewährt würden, wenn die politische Krise beigelegt, die Forderungen von SP, PPD und CDS erfüllt und das Wahlergebnis durch eine Regierungsumbildung ohne Kommunisten respektiert würde.

Im Juni 1975 nahmen Präsident da Costa Gomes und Ministerpräsident Vasco Gonçalves an einer NATO-Ratstagung in Brüssel zum Thema »Südflanke« teil. Im Abschlusskommuniqué äußerten die Teilnehmer »Besorgnis über die Lage in Portugal«. US-Präsident Ford forderte Gonçalves auf, die Kommunisten aus der Regierung zu entfernen. Wenige Tage später kreuzte – wie schon im Januar – ein NATO-Flottenverband vor der portugiesischen Küste.

Präsident da Costa Gomes vertrat Portugal bei der Konferenz für Europäische Sicherheit und Zusammenarbeit (KSZE) in Helsinki. Auch diese Gelegenheit nahmen die westlichen Partner wahr, sich »besorgt« über die Entwicklung in Portugal zu äußern. Der sowjetische Vertreter versicherte, dass Portugal zur Einflusssphäre des Westens zähle und sich die UdSSR nicht in die inneren Angelegenheiten des Landes einmische, dies aber auch von der Gegenseite erwarte.

Die Sozialistische Internationale gründete Anfang August ein »Komitee der Freundschaft und Solidarität mit dem portugiesischen Volk«, dem die sozialdemokratischen Spitzenpolitiker Olof Palme, Willy Brandt und Bruno Kreisky angehörten, um Mário Soares und den Kurs der Sozialistischen Partei aktiv zu unterstützen. Auch hier spielten mögliche Hilfs- und Kreditversprechen eine zentrale Rolle.

Spaltung des MFA und das »Dokument der Neun«

Ende Juli setzte der Revolutionsrat ein Direktorium aus dem Präsidenten da Costa Gomes, Vasco Gonçalves und Otelo de Carvalho ein, um angesichts der Regierungskrise die Handlungsfähigkeit der Machtorgane zu gewährleisten und die Einheit des MFA zu bewahren. Doch war es nur noch eine Frage der Zeit, dass die Differenzen mit den »Gemäßigten« aufbrechen würden. Der massive innere und äußere Druck auf den Revolutionsrat und die Regierung, aber auch das eigenmächtige und selbstherrliche Auftreten der COPCON-Truppen veranlassten Melo Antunes und acht weitere MFA-Aktivisten, sich öffentlich von der militärischen Linken zu distanzieren. Ohne den Revolutionsrat zu informieren, wandten sie sich am 7. August mit einer programmatischen Erklärung, dem »Dokument der Neun«, an den Präsidenten der Republik und an die Öffentlichkeit und initiierten eine Unterschriftensammlung unter den Offizieren der Streitkräfte.

Sie forderten, den Sozialisierungskurs zu stoppen, den Rhythmus der Revolution zu verlangsamen, in den Kasernen die Disziplin wiederherzustellen sowie den »übergewichtigen« Einfluss der PKP in den Staatsorganen zu beenden. Die soziale Basis, die den Kurs des Revolutionsrates trage, sei zu schmal, es bestehe die Gefahr der Spaltung der Nation, wie sie in Demonstrationen und Gegendemonstrationen sichtbar werde. Es komme darauf an, einen breiten hegemonialen Block wiederherzustellen, der neben dem Industrie- und Landproletariat auch das Klein- und mittlere Bürgertum und die selbständigen Bauern einbeziehe. Die Forderungen lagen auf der Linie der Vorschläge, die die Sozialistische Partei unter dem Titel »Die Wirtschaftspolitik des Übergangs. Ein Sozialistischer Vorschlag« veröffentlicht hatte. Darin forderte auch sie eine Begrenzung der Sozialisierungen, eine Garantie für die »Privatinitiative«, eine Begrenzung der Agrarreform in der Latifundienregion, eine Umorientierung der Agrarpolitik auf die Bedürfnisse der selbständigen Landwirte sowie eine definitive Festschreibung der Prioritäten in den Außenbeziehungen auf die Reihenfolge: Westeuropa, Mittelmeerraum und Dritte Welt.

Der Revolutionsrat wies diese Forderungen unter Berufung auf den Verfassungspakt zurück und schloss die neun Offiziere aus. Ministerpräsident Gonçalves beharrte entgegen der Empfehlung von Costa Gomes darauf, eine Fünfte Provisorische Regierung zu bilden und wurde darin von Otelo de Carvalho unterstützt. Es war eine Regierung ohne Parteienvertreter. Sie sollte dem Präsidenten Zeit verschaffen, nach einer Kompromisslösung mit der Gruppe der Neun und den Parteien zu suchen, und ermöglichte es Vasco Gonçalves, einige Projekte zu Ende zu bringen, vor allem die Veröffentlichung des Gesetzes über die Agrarreform.

Das COPCON reagierte auf das Dokument der Neun mit einem Gegendokument unter dem Titel »Revolutionäre Selbstkritik des COPCON«. Es verurteilte das Vorgehen der Neun, räumte Fehler ein und unterstrich die Bedeutung »revolutionärer Volksversammlungen«.

Die öffentlich vollzogene Spaltung des MFA löste nicht nur in Lissabon eine breite Massenkampagne zur Unterstützung von Vasco Gonçalves aus. Die Belegschaften der Betriebe und die LandarbeiterInnen der Agrarreformzone bekannten sich zu »companheiro Vasco«. Ihre Losung lautete: »Abaixa a reação« (nieder mit der Reaktion), womit nun nicht nur Faschisten und Spinolisten gemeint waren, sondern auch die SP, Mário Soares und die »Neun«. Ein Aktionsbündnis »Front der Volkseinheit« FUP[70], bestehend aus vier ultralinken Gruppen, der PKP, dem MDP/CDE, der Intersindical und der SP-Abspaltung FSP, organisierte eine Großdemonstration für den Ministerpräsidenten. Der Schlachtruf »Força, força, camarada Vasco, nos serémos uma muralha de aço!« (Vorwärts, Genosse Vasco, wir bilden eine Mauer aus Stahl) drückte aus, was wohl die große Mehrheit der Industrie- und LandarbeiterInnen fühlte und wünschte.

Nach der Veröffentlichung des Dokumentes der Neun hatte die PKP auf einer Parteikonferenz in Alhandra bei Lissabon die Lage analysiert. Das ZK hatte verstanden, dass Vasco Gonçalves sein Amt werde aufgeben müssen, und hatte dem Wunsch Álvaro Cunhals entsprochen, ihm die Entscheidung über die Beteiligung oder Nichtbeteiligung an einer anders zusammengesetzten Regierung zu überlassen. Die Partei stand hinter Gonçalves, doch ging sie davon aus, dass »camarada Vasco« – wie Cunhal es formulierte – ein Revolutionär und kein Postenjäger sei, und dass er einer Lösung, die der demokratischen Sache diene, nicht im Wege stehen werde.

70 Frente da Unidade Popular

Ein verändertes Kräfteverhältnis im Revolutionsrat und die Sechste Provisorische Regierung

Die Gruppe der Neun hatte sich im Vorfeld mit konservativen professionell orientierten Militärs über einen Plan zur Entmachtung der militärischen Linken und Wiederherstellung der militärischen Disziplin verständigt. Zu diesem Plan gehörte die Einberufung einer MFA-Versammlung mit veränderter Zusammensetzung und veränderten Mehrheitsverhältnissen. Die Zusammenkunft fand nicht mehr wie gewohnt in Räumen der »revolutionären Einheiten« statt. Die Gruppe der Neun wurde wieder in den Revolutionsrat integriert. Die Mehrheit der Anwesenden entzog Vasco Gonçalves das Vertrauen, woraufhin er sein Amt niederlegte und die Versetzung in den Ruhestand beantragte. Die letzte von ihm geführte Provisorische Regierung hatte nur knapp fünf Wochen amtiert. Auch Otelo de Carvalho war inzwischen auf Distanz zu Gonçalves gegangen und hatte ihm schon kurz zuvor öffentlich empfohlen, sich aus der Politik zurückzuziehen.

Vizeadmiral Pinheiro de Azevedo wurde mit der Bildung einer Sechsten Provisorischen Regierung beauftragt. In ihr hatten die Gruppe der Neun, Sozialisten und PPD die Mehrheit. Der PKP wurde ein Ministerposten angeboten. Sie akzeptierte, um – wie sie formulierte – den Machtanspruch der ArbeiterInnenklasse und das Votum der ArbeiterInnen für die Fortsetzung des »antimonopolistischen« Kurses und der Agrarreform zu dokumentieren, behielt sich aber vor, von Fall zu Fall zu entscheiden, welche Beschlüsse sie mittragen werde und welche nicht.

Aufgrund ihrer Bereitschaft, trotz des Rechtsrucks einen Vertreter in die Sechste Provisorische Regierung zu entsenden, wurde die Partei aus der FUP ausgeschlossen, die als »Revolutionäre Volksfront« FUR[71] weiter bestand und gegen die Regierung Azevedo Front machte.

71 Frente da Unidade Revolucionária

VI. Übergang zu kapitalistischer Normalität

Kurswechsel der Regierung und Reaktionen des Auslands

In der Sechsten Provisorischen Regierung unter Pinheiro de Azevedo (19.9.1975–23.6.1976) waren neben parteilosen Experten die »Gruppe der Neun«, der PPD mit drei Ministern und die Sozialisten mit vier Ministern vertreten. Die PKP entsandte den parteilosen Veiga de Oliveira, der das Ministerium für Öffentliche Bauarbeiten übernahm. Generalsekretär Cunhal verzichtete demonstrativ auf einen Ministerposten.

Seit ihrem Amtsantritt verfolgte die Regierung einen sozialpolitischen Konfrontationskurs gegen die ArbeiterInnenbewegung und leitete eine erste Revision der Wirtschafts- und Sozialpolitik ein. Ein Lohnstopp und die Aufhebung des Preisstopps für Grundnahrungsmittel waren Signale für potentielle ausländische Kreditgeber. Zwar wurde die Einbeziehung der PKP in die Regierung noch nicht grundsätzlich in Frage gestellt, doch wurden die Kommunisten systematisch aus den Massenmedien entfernt.

Nach der Bildung der Sechsten Provisorischen Regierung honorierte die deutsche Bundesregierung unter SPD-Kanzler Schmidt den Kurswechsel mit einem Sofortkredit. Im Übrigen wurde Portugal an den Internationalen Währungsfonds und an die Weltbank verwiesen. Die Politik der ökonomischen Erpressung war noch nicht beendet. Zwar stellte die EG-Kommission im Oktober 1975 in Lissabon eine Finanzhilfe von 45,4 Mrd.

Escudos (etwa 20 Mio. US-Dollar) zur Unterstützung der Klein- und Mittelbetriebe in Aussicht und versprach einen Kredit über 180 Mio. US-Dollar für Medikamente und Nahrungsmittel zur Versorgung der Angola-HeimkehrerInnen. Gleichzeitig richtete aber der damalige EG-Vizepräsident Christopher Soames eine vertrauliche Note an die portugiesische Regierung, in der er erklärte, die EG-Hilfe werde sofort blockiert, sollte die politische Entwicklung in Portugal als ungünstig betrachtet werden.

Ziel der Rechtsparteien und der Sozialisten war in diesen Monaten vor allem die Ausschaltung des Revolutionsrates und auch der gemäßigten Teile des MFA aus den politischen Machtorganen. Soares war bestrebt, die Konstituante unter den militärischen Schutz des spínolistischen Flügels innerhalb der Streitkräfte in den Norden des Landes nach Porto zu verlagern. Dort sollte ein vom PPD ausgearbeiteter Verfassungsentwurf verabschiedet werden, der weder die Festschreibung der »revolutionären Errungenschaften« noch den Verfassungsrang des Revolutionsrates verankerte.

Retten, was zu retten ist – Die ArbeiterInnenbewegung wehrt sich und treibt die Agrarreform im Süden voran

Die ArbeiterInnenbewegung reagierte mit heftigen Protesten auf die Absetzung von Vasco Gonçalves und forderte den Rücktritt Pinheiro de Azevedos und seines Arbeitsministers. Die Veröffentlichung des Agrarreformgesetzes im August 1975 hatte die Hemmschwelle bei LandarbeiterInnen und TagelöhnerInnen gesenkt, weitere Ländereien in Besitz zu nehmen. Die Besetzungen erfolgten seither nicht mehr nur punktuell und spontan, sondern systematisch und angeleitet von den Gewerkschaften. Im Alentejo wurden in dieser Zeit rund 277.000 ha Land okkupiert. Während der Vierten und Fünften Provisorischen Regierung hatten die im Gesetz vorgesehenen »Regionalräte für die Agrarreform« begonnen, die LandarbeiterInnen bei der Verwaltung der neuen Kooperativen und UCPs zu unterstützen. Kredite gab es zunächst nur für Technik und andere Sachgüter. Ende September setzten die LandarbeiterInnen auch die Gewährung von Notfallkrediten für Lohnzahlungen durch. Als Reaktion auf den Rechtsruck in der Regierung erreichte die Besetzungswelle im Oktober 1975 ihren Höhepunkt. Bis Jahresende waren ca. 694.000 ha Land okkupiert. Dabei hielten sich die BesetzerInnen nicht an die gesetzlichen Einschränkungen bei der Auswahl der Ländereien. Die enorme Zunahme der Enteignungen »von unten« im Herbst hatte auch zum Ziel, die Zeit der Aussaat zu nutzen und damit Arbeitsplätze für die Ernte im nächsten Jahr zu sichern. So begann die »Revolution in der Revolution« im Alentejo im Grunde erst zu dem Zeitpunkt, als die Regierung bereits die kapitalistische Normalisierung einleitete.

Bis in die 1980er Jahre hinein verteidigten die AlentejanerInnen ihre Genossenschaften und UCPs zäh und hartnäckig gegen die »recuperação«, die Rückeroberungsoffensive des Agrarierverbandes und der Regierungen. In dieser Zeit wurden sie von einigen sozialistischen Ländern unterstützt. Insbesondere die DDR bildete Fachkräfte aus, lieferte Landtechnik und Maschinen und half beim Aufbau von Mustergenossenschaften der Viehzucht. Auch eine Gruppe Studierender der Agrarwissenschaften von der Universität Hannover unter der Leitung von Michael Vester versuchte, mit Studien vor Ort vor dem Beitritt zur EG Belege zu liefern, dass die Genossenschaften eine Überlebenschance verdient hätten. Doch die Konsequenzen aus den EG-Beitrittsverhandlungen, d. h. die Unterordnung unter die europäische Agrarpolitik, versetzte den Überresten der Agrarreform schließlich den Todesstoß.

Die schrittweise militärische Entmachtung der MFA-Linken

Die Regierungsumbildung war nur der erste Schritt auf dem Weg zur Eindämmung des Reformprozesses. Im Revolutionsrat kooperierte nun die »Gruppe der Neun« mit jenen Offizieren, die eine Beschränkung der Armee auf unpolitische Professionalität anstrebten. Nur auf diesem Weg meinten sie, ein völliges

Rollback durch die Rechten in der Armee verhindern zu können. Sie gingen nach einem operativen Plan vor, den der konservative Chef des Heeres und spätere Präsident der Republik Ramalho Eanes ausgearbeitet hatte. Zunächst wurde die Macht des COPCON eingeschränkt, ohne die Position von Otelo de Carvalho in Frage zu stellen. Eine schon im Juli gebildete, vom COPCON und Otelo de Carvalho unabhängige Eingreiftruppe wurde ausgebaut. Ende September entzog die Regierung dem COPCON definitiv alle Befugnisse zur Wiederherstellung der öffentlichen Ordnung.

PPD und SP waren zwar nicht in den konkreten Operationsplan der »Gruppe der Neun« und deren Verbündeter einbezogen, doch waren sie darüber informiert, dass der Angriff auf die revolutionären Bastionen in der Armee im Gange war. Sie erwarteten, dass die revolutionären Truppenteile sich mit Waffengewalt zur Wehr setzten und die von »den Kommunisten« mobilisierte Volksbewegung wie am 11. März den MFA-Stellungen zu Hilfe kommen würde.

Anfang Oktober wurde der Chef der Militärregion Nord, Eurico Corvacho, durch den politisch rechts stehenden Pires Veloso ersetzt, der für seine Kontakte zu den Spinolisten bekannt war. Er sollte später die Entwaffnung und Verhaftung der COPCON-Truppen vollziehen. Auch die von der militärischen Linken benannten Kommandanten der Nationalgarde GNR und der Sicherheitspolizei PSP wurden abgesetzt. Während dies geschah, überflogen Hubschrauber der Luftwaffe das Erste Artillerieregiment (RAL 1) bei Lissabon.

Die Rechtsparteien stellten sich demonstrativ hinter Pinheiro de Azevedo und Pires Veloso und mobilisierten ihre Anhänger in Porto zu Sympathiekundgebungen unter dem Motto »O povo está com Pires Veloso« (Das Volk ist mit Pires Veloso) und »Em frente sem medo com Pinheiro Azevedo« (Vorwärts ohne Furcht mit Pinheiro Azevedo), während in Lissabon die Menge trotzig skandierte »O Povo está com o MFA«.

Der Widerstand der revolutionären Militärs und der ultralinken Gruppen

Die Soldaten und Offiziere, die an das Konzept der Befreiungsarmee geglaubt hatten, sperrten sich gegen die Entmachtung der linken Kommandeure und revoltierten gegen die Umbesetzungen und die Versuche, einzelne Truppen aufzulösen. Es entstand eine Gruppe, die sich »Vereinte Soldaten werden siegen« SUV[72] nannte und die ca. 1.500 Soldaten und Offiziere mobilisierte, bereit, bei einer Ausschaltung des COPCON an dessen Stelle das »Bündnis Povo–MFA« fortzusetzen.

Die neu geschaffene Eingreiftruppe versuchte, konsequenter gegen ultralinke Aktionen vorzugehen. Diese Gruppen reagierten mit immer neuen militanten Aktionen. Als die Regierung die Räume des weiterhin besetzten katholischen Radiosenders versiegeln ließ, entfernten die BesetzerInnen das Siegel und sendeten weiter. Eine Solidaritätsaktion für drei zum Tode verurteilte baskische Revolutionäre mündete in die Verwüstung der Räume der spanischen Botschaft. Eine Gruppe militanter Kriegsveteranen besetzte den staatlichen Sender *Emissora Nacional* und veranstaltete eine provokative Aktion vor der Kaserne der Fallschirmjäger, die zum Kern der neuen Interventionseinheit zählten.

Die Exponenten der entmachteten militärischen Linken waren bestrebt, bewaffnete Konfrontationen zu verhindern. Vasco Gonçalves, Eurico Corvacho und Rosa Coutinho wandten sich an ihre Anhänger in der ArbeiterInnenbewegung und der städtischen Bevölkerung und verteidigten ihre Politik, ohne den Revolutionsrat anzugreifen.

Die militanten ultralinken Gruppen dagegen gingen realitätsfern vom Fortbestehen der von ihnen unterstellten »Doppelherrschaft« aus und verfolgten eine Strategie der Konfrontation, in der eine Kraftprobe alles entscheiden müsse, als sei der Kampf um die Macht im Staat noch nicht entschieden. Die »Revolutio-

72 Soldados Unidos Vencerão

nären Brigaden«, die Stadtguerilla-Fraktion des PRP, kündigten an, in den Untergrund zu gehen und von dort aus den bewaffneten Kampf aufzunehmen Aus den »revolutionären Kasernen« im Raum Lissabon wurden 3.000 Sturmgewehre in die Räume des MES transferiert. Die Waffen wurden sehr schnell wieder konfisziert. Doch die proklamierte Absicht, die »Volksmacht« (»poder popular«) in die Tat umsetzen, indem revolutionäre Soldaten und bewaffnetes Volk die Revolution fortsetzten, bediente die in den Medien verbreiteten Phantasien des Mário Soares und der Rechtsparteien von Linksputsch und bevorstehendem Bürgerkrieg.

Der »Show-down« Ende November 1975

Am 6. November sendete das Fernsehen ein Rededuell zwischen Mário Soares und Álvaro Cunhal. Dabei vertrat Soares seinen aggressiv antikommunistischen Kurs, während Cunhal die Entschlossenheit der ArbeiterInnenbewegung bekräftigte, die Errungenschaften der Revolution zu verteidigen. Am selben Tag forderten militante Auseinandersetzungen zwischen LandarbeiterInnen und Militärs in Santarem zwei Tote und 25 Verletzte. Im Dorf Valpacos wurde ein weiterer Bombenanschlag auf Kommunisten verübt. ELP und MDLP starteten gewalttätige Angriffe auf KommunistInnen, während US-Botschafter Frank Carlucci demonstrativ die Bischofsstadt Braga in Nordportugal, das »Herz der Konterrevolution«, besuchte. Für den 11. November war der Truppenabzug aus Angola vereinbart. Die USA hatten der portugiesischen Regierung zunächst zugesagt, Transportflugzeuge hierfür und für die Ausreise von PortugiesInnen zur Verfügung zu stellen. Nun begannen sie, diese Zusage an politische Bedingungen zu knüpfen.

Als Antwort auf die rechte Offensive riefen die »Revolutionären Brigaden« aus dem Untergrund zur bewaffneten Revolution auf. In Lissabon wurde eine Streife der Sicherheitspolizei PSP mit Granaten attackiert. Auf einer Pressekonferenz bot sich eine »Revolutionäre Militärvereinigung« an, das Vakuum zu füllen, das durch die Entlassung revolutionären Militärs entstanden sei. Im Gegenzug demonstrierte die Regierung Azevedo am 7. November ihre Entschlossenheit, »die Ordnung« wieder herzustellen, indem sie die Sendetürme von *Radio Renascença* von Fallschirmjägern sprengen ließ. Am selben Tag wurden in Rio Maior LandarbeiterInnen einer UCP von Schlägertrupps der Großagrarier attackiert. Am 9. November fand eine antikommunistische Großkundgebung auf dem Terreiro do Paço in Lissabon statt, die vom Fernsehen direkt übertragen wurde.

Drei Tage danach belagerten streikende Bauarbeiter den Regierungssitz S. Bento, um die Erfüllung ihrer tariflichen Forderungen zu erzwingen. Als sich der Arbeitsminister weigerte, mit ihnen zu verhandeln, versperrten Ordner die Ausgänge des Gebäudes und hinderten die Minister über Stunden daran, das Gebäude zu verlassen. Am 13. November kamen LandarbeiterInnen des Südens zur Unterstützung der Bauarbeiter nach Lissabon. Diese Aktion, die als »Belagerung von S. Bento« in die portugiesische Zeitgeschichtsschreibung einging, versuchte Mário Soares als Vorwand zu nutzen, um die Konstituante nach Porto zu verlegen. Dies misslang. Er selbst zog für einige Tage mit einigen Vertrauten nach Porto um und versuchte, auch den Parteichef des CDS, Freitas do Amaral, dazu zu bewegen. In der Hauptstadt – so verbreitete die SP-Führung – stehe die Errichtung der »Kommune von Lissabon« unmittelbar bevor, und es drohe ein Bürgerkrieg, denn die Militärs aus dem Norden würden dagegen einschreiten. In der Presse kursierten Gerüchte, der spinolistische MDLP plane für den ersten Dezember eine Invasion von der Algarveküste aus. Die Zeitschriften *O Século* und *O Diário* kündigten einen Rechtsputsch bereits für die kommenden Tage an.

Derweil stellte sich auch Otelo de Carvalho offen gegen die Regierung. In der alentejanischen Provinzhauptstadt Beja verteidigte er die »proletarische Revolution« und den »poder popular« und distanzierte sich von Regierungschef Pinheiro de Azevedo. Er unterstützte den Aufruf zu einer Kundgebung der FUR, bei der die ArbeiterInnenkommissionen des Industriegürtels für ihn und die letzten Bastionen des MFA demonstrierten und an der auch zahlreiche AnhängerInnen der PKP teilnahmen. Auch diese Kundgebung wurde vom Fernsehen direkt übertragen. Ein »Provisorisches Sekretariat der Cintura Industrial de Lisboa« (des Industriegürtels von Lissabon), bestehend aus Vertretern der ArbeiterInnenkommissionen, die den »poder popular«-Gruppen nahestanden, forderten den Rücktritt der Sechsten Provisorischen Regierung, und ein Hauptmann der Militärpolizei rief zur Bildung der »bewaffneten Volksmacht« auf.

Ministerpräsident Azevedo erklärte daraufhin, die Regierung stelle ihre Tätigkeit ein, bis wieder normale Arbeitsbedingungen existierten. Dies war die Aufforderung an den Revolutionsrat zu handeln. Am 20. November wurde Otelo de Carvalho als COPCON-Kommandant und Chef der Militärregion Lissabon seines Postens enthoben. Die COPCON-Truppen akzeptierten den Beschluss nicht, verweigerten dem neuen Oberbefehlshaber die Gefolgschaft. Eine Order des Luftwaffenchefs, 1.200 Fallschirmjäger, die die Entmachtung des COPCON nicht hinnehmen wollten, in die Reserve zu versetzen, goss weiteres Öl ins Feuer. Am selben Tag, dem 15. November, leisteten 170 Rekruten des Artillerieregiments RAL 1 demonstrativ mit geballter Faust ihren Fahneneid auf ein sozialistisches Portugal. Die Zeremonie leitete General Carlos Fabião, der es abgelehnt hatte, Vasco Gonçalves als Ministerpräsident abzulösen. Am 22. November verbreitete die Zeitschrift *A Luta*, von Raul Rego nach der Besetzung der República gegründet, die Nachricht, die FUR bereite einen Militärschlag vor.

Am 24. November sperrten die Agrarier der ALA in Rio Maior die Nord-Süd-Verbindungen – Eisenbahnlinien und Straßen. Am 25. November setzten die »Gruppe der Neun« und ihre militärischen Verbündeten den letzten Teil des von Ramalho Eanes erarbeiteten Operationsplans in die Tat um. Eine weitere Aktion der entlassenen Fallschirmjäger lieferte den Anlass. Diese hatten in voller Montur ihre Kaserne verlassen und die Luftwaffenbasis Monsanto besetzt. Daraufhin verhängte Präsident da Costa Gomes den Ausnahmezustand über die Militärregion Lissabon. Die Truppen des neuen Eingreifkommandos besetzten die Zentrale des COPCON, Einheiten aus dem Bereich der Militärregion Nord nahmen die Offiziere des COPCON, der 5. Division und anderer Einheiten des MFA fest.

Die Putschisten der ELP und der MDLP hielten die Aktionen für das Signal zu einem Militärschlag nach dem von ihnen verfolgten »Plan Maria da Fonte«. Sie warteten auf die Chance, »die Kommunisten ins Meer zu jagen« und »Leute wie Cunhal« wieder einzusperren. Doch die gewaltsame Repression der ArbeiterInnenbewegung, der Linken und vor allem der KommunistInnen fand nicht statt. Die »Gruppe der Neun«, der Revolutionsrat und Präsident da Costa Gomes machte sehr schnell deutlich, dass sie keine neuerliche Diktatur wollten.

Melo Antunes und da Costa Gomes erklärten, die demokratische Zukunft Portugals sei nur unter Einbeziehung der ArbeiterInnenbewegung und der PKP zu gewährleisten.[73]

Die Politik der Sechsten Provisorischen Regierung nach dem 25. November

Nach der Bereinigung der Situation im Militär war die Regierung bestrebt, Verhandlungen über ausländische Wirtschaftshil-

73 Von den Sozialisten und dem PPD wird der 25. November auch heute noch als »contragolpe«, als Niederschlagung eines Putsches der militärischen Linken dargestellt. Sie hatten erwartet, dass die militärische Aktion zur Entmachtung des MFA auf bewaffneten Widerstand und militante Gegenaktionen aus der ArbeiterInnenbewegung stoßen und dass daraufhin Militär aus dem Norden Lissabon besetzen würde. Soares hatte für diesen Fall bereits die Zusage des britischen Regierungschef, den Truppen des Nordkommandeurs Pires Veloso militärische Unterstützung zu gewähren (nachzulesen bei Tiago Moreira de Sá, vgl. Anm. 58). Tatsächlich gab es Insubordinationen in der Militärregion Lissabon. Doch weder Otelo de Carvalho noch die ultralinken Militanten, geschweige denn die PKP verfolgten einen solchen Plan.

fen voranzubringen. Sie leitete Sondierungen für die Aufnahme von Verhandlungen mit dem Internationalen Währungsfonds ein, dessen Vertreter wirtschafts-, finanz- und währungspolitische Weichen für die Zukunft des Landes stellten. Die prokapitalistische Umorientierung hatte nicht nur in den Medien personalpolitische Konsequenzen. Unter SP-Finanzminister Zenha wurde eine Reihe ehemaliger Verwaltungsleiter der Bank von Portugal wieder eingesetzt. Ähnliche Entscheidungen betrafen die Treuhand- und nationalisierten Betriebe.

Zentrale Vorstöße galten der Arbeits- und Gewerkschaftspolitik und zielten darauf ab, die Agrarreform zu begrenzen. Ein bereits verabschiedetes Gesetz über die ArbeiterInnenkontrolle trat nicht in Kraft. Doch gelang es den nun dominierenden politischen Kräften nicht, die von den Gewerkschaften der LandarbeiterInnen gebildeten und von den Rechtsparteien als Kopie sowjetischer Kolchosen diffamierten Kollektiven Produktionseinheiten zu illegalisieren. Die Sozialisten forderten zwar eine Aufteilung der Latifundien an Einzelbauern mit der anschließenden Bildung »echter« Genossenschaften, waren jedoch gezwungen, der neu entstandenen Realität im Alentejo Rechnung zu tragen. Landwirtschaftsminister Lopes Cardoso, der zum linken Flügel der SP gehörte, suchte nach einem Kompromiss. Die Agrarreform blieb demnach auf die Latifundienregion begrenzt. Für Enteignungen wurden Höchstgrenzen neu festgelegt und Bestimmungen über Entschädigungen getroffen. Den Alteigentümern wurde ein so genanntes »Reserverecht« eingeräumt: die Zuweisung bzw. Rückgabe eines Anteils ihres früheren Besitzes. Unter dem Nachfolger Cardosos, Barreto wurde dies massiv ausgeweitet und damit die sukzessive gewaltsame Zerstörung der UCPs[74] ermöglicht.

---

74 Das Landproletariat führte mehr als ein Jahrzehnt einen zähen Kampf um die Fortsetzung der Agrarreform. Die UCPs verteidigten jeden Fußbreit Boden gegen brutale Polizeieinsätze der GNR, die unzählige Verletzte und auch Todesopfer kosteten. Doch konnten sie

Die Verfassung von 1976

Am 26. Februar 1976 schloss der Revolutionsrat mit den Parteien einen revidierten Verfassungspakt. Dieser stellte einen Kompromiss der Positionen von ArbeiterInnenbewegung, MFA und prokapitalistischen Parteien dar. Am 2. April 1976 wurde die Verfassung beschlossen und verkündet. Damit war das Resultat des Umsturzes und des sozialen und politischen Transformationsprozesses vorläufig festgeschrieben:

Die Präambel nannte das Ziel, Portugal in Richtung auf eine sozialistische Gesellschaft zu entwickeln. Die Normen der hier niedergelegten Demokratisierung des politischen Systems orientierten sich an den Vorbildern bürgerlich-parlamentarischer Repräsentativsysteme, allerdings mit der Besonderheit, dass für einen Zeitraum von sieben Jahren der Revolutionsrat als Verfassungskontrollorgan mit Vorbehaltsrecht bei der Gesetzgebung über militärische Belange sowie als Beratungsgremium für den Präsidenten der Republik institutionalisiert wurde. Weitreichende Partizipations- und Kontrollrechte für die Vertretungen der Lohnabhängigen wurden festgelegt, die Nationalisierungen, die Agrarreform und die »Kontrolle der Geschäftsführung« (»contrôlo de gestão«) durch Organisationen der ArbeiterInnenbewegung zu nicht revidierbaren Kernbereichen der Verfassung erklärt. Um diese »conquistas da revolução« sollten in den darauf folgenden Jahren heftige Kämpfe entbrennen, bei denen schließlich die »legislative Konterrevolution« endgültig siegte, als die Angleichung an die EG-Vorgaben vollzogen wurde.

Bei den Wahlen zum ersten Parlament am 25. April 1976 blieb die SP mit 34,8 Prozent der Stimmen stärkste Partei, der PPD erhielt 24,3 Prozent, der CDS konnte seinen Anteil auf 15,9 Prozent verdoppeln, die PKP gewann knapp 2 Prozent hinzu und erhielt 14,3, die maoistische UDP 1,67 Prozent. Mário

schließlich der ökonomischen Konkurrenz der europäischen Agrarindustrie nicht standhalten.

Soares wurde Ministerpräsident der ersten verfassungsmäßigen (Minderheits-)Regierung. Die Präsidentschaftswahl am 27. Juni 1976 gewann General Ramalho Eanes, der Stratege des 25. November, mit 61,59 Prozent. Otelo de Carvalho erreichte 16,4, der Kandidat der PKP 7,59 Prozent.

Der MFA als Teil der Armee und insbesondere sein linker Flügel waren die Verlierer des 25. November. Seine linken Protagonisten schieden entweder aus der Armee aus oder saßen bis zu einer Amnestie im Gefängnis, wenn sie nicht bis zu einer späteren Amnestie in die ehemaligen Kolonien oder ins Exil gingen.

Die ArbeiterInnenbewegung hatte sich einen festen Platz im neuen politischen System erkämpft und verfügte über gute Ausgangspositionen für die bevorstehenden Abwehrbewegungen gegen die »recuperação capitalista«, die kapitalistische Restauration. Die Intersindical blieb die größte und führende Gewerkschaftszentrale. Landesweite Gewerkschaftswahlen und der erste »Kongress aller Gewerkschaften« fanden 1977 statt. Vertreter von 264 Verbänden (192 davon gehörten zur Intersindical) gründeten die »Allgemeine Konföderation der Portugiesischen Werktätigen / Intersindical« CGTP/Intersindical[75], beschlossen Statuten und verabschiedeten einen Forderungskatalog. Der Dachverband – so die Statuten – war für Repräsentanten aller politischen Linien offen, sofern sie tatsächlich in der Gewerkschaftsbewegung vertreten waren. In das Sekretariat wurden je zwei Vertreter der sog. »revolutionären« und der SP-nahen Strömung aufgenommen. Zu diesem Zeitpunkt war das Gewerkschaftsgesetz von April 1975 bereits revidiert worden. Die Verfassung von 1976 ließ die Möglichkeit zur Bildung paralleler Gewerkschaftszentralen zu. Mit der »Allgemeinen Arbeiterunion« UGT[76] existierte eine von Sozialisten gegründete deutlich schwächere zweite Gewerkschaftszentrale. Der CGTP/

75 Confederação Geral dos Trabalhadores Portugueses

76 União Geral dos Trabalhadores

Intersindical wurde auf Betreiben der Sozialisten die Aufnahme in den Internationalen Bund Freier Gewerkschaften (IBFG) verweigert. Sie trat daraufhin dem Weltgewerkschaftsbund bei, dem Gewerkschaften aus den sozialistischen und »blockfreien« Ländern angehörten.

Die Portugiesische Kommunistische Partei hatte ihre in der Illegalität aufgebaute soziale Basis im Industriegürtel um Lissabon und im Alentejo konsolidiert. Als Hauptkraft der traditionellen ArbeiterInnenbewegung behauptete sie die Hegemonie in den Industriegewerkschaften und im Agrarproletariat. Im Angestelltenbereich konkurrierte sie mit den Parteien rechts von ihr, insbesondere mit der Sozialistischen Partei, der es gelungen war, mit der UGT eine zweite, wenn auch schwächere Gewerkschaftszentrale aufzubauen. Die PKP konnte als Teil eines linken Wahlbündnisses schließlich auch im Norden des Landes Fuß fassen. Sie stellte in den 1980er Jahren die Bürgermeister in zahlreichen Gemeinden und Kreisen des Industriegürtels, war über 20 Jahre lang die stärkste Partei des Alentejo. Letzteres gelang ihr auch bei den Kommunalwahlen im Herbst 2013, bei denen das Wahlbündnis CDU[77] landesweit 11 % der Stimmen erreichte. Aktuell stellt die Kommunistische Partei bzw. CDU in nicht weniger als 34 Städten bzw. Kreisen die stärkste Fraktion. Des Weiteren ist sie mit einer Fraktion in der Nationalversammlung vertreten.

Die LandarbeiterInnen hatten mit der Agrarreform und ihren Genossenschaften erreicht, dass für einige Zeit die alte Forderung »a terra a quem a trabalha« Realität wurde. Sie waren jedoch von Anfang an mit einem aggressiven Restaurationskurs seitens der Agrarier konfrontiert, deren Interessenverband keinen Fußbreit Terrain aufzugeben bereit war. Dies galt auch für die besetzten unter Treuhandschaft gestellten Betriebe. Auch hier kämpften die Belegschaften mehrere Jahre, doch letztlich

77 Die PKP tritt seit 1987 zusammen mit linken Grünen (PEV) im Wahlbündnis Coligação Democrática Unitária (CDU) an.

vergeblich, gegen die Rückgabe an die ehemaligen Besitzer. Im nationalisierten Sektor setzte sich die kapitalistische Dynamik durch. Die Stahl- und Werftindustrie überlebte die Branchenkrise und die Standortkonkurrenz auf dem Weltmarkt nicht. Der Prozess der Deindustrialisierung zerstörte in den 1980er und 1990er Jahren große Teile des Industrieproletariats, welches das Rückgrat der Revolution in den Städten gebildet hatte.

Die einzige maoistische Partei, die einen Platz im neu etablieren Parteiensystem behielt, war die UDP. Ihre WählerInnen stammten im Wesentlichen aus der Region Sétubal, die zu den Zentren der traditionellen Industriearbeiterschaft gehörte und deren ländliche Regionen vom Landproletariat geprägt waren. Die Ergebnisse der UDP verwiesen auf eine andernorts im Wesentlichen von der PKP absorbierte linksradikale Strömung in der ArbeiterInnenbewegung. Die Partei profitierte sicher auch vom Charisma des Otelo Saraiva de Carvalho, dessen Kandidatur im Präsidentschaftswahlkampf 1976 sie unterstützte. Otelo selbst wurde 1984 verhaftet und 1987 in Zusammenhang mit der von ihm unterstützten Gruppe FP 25 in einem umstrittenen Gerichtsverfahren wegen »Unterstützung terroristischer Aktivitäten« zu 15 Jahren Haft verurteilt und 1989 amnestiert.

Mangels mir zugänglichen Materials wird in diesem Buch die Rolle der Frauen im Widerstand und während der Revolution nicht gesondert behandelt. Das Thema wäre eine eigene Darstellung wert. Anmerken möchte ich nur, dass Frauen in der illegalen Arbeit der PKP, z.B., aber nicht nur bei der Führung der »casas clandestinas«, der illegalen Stützpunkte, eine wichtige Rolle spielten, dass sie in vorderster Front an der Agrarreform beteiligt waren und zu den AktivistInnen in Betrieben und Büros, in den EinwohnerInnenkomitees und den Gewerkschaften zählten. Viele portugiesische Frauen haben die Nelkenrevolution wie das Erwachen aus einem Alptraum empfunden und als Befreiung erlebt und sie haben ihre auch für ihre Töchter und Söhne erkämpften neuen Bildungs- und Beteiligungschancen wahrgenommen.

Schlussbetrachtung

Fassen wir zusammen: Was für eine Revolution war die Nelkenrevolution und was hat sie bewirkt?

Revolutionen sind grundlegende Veränderungen von Herrschaftsverhältnissen. Sie greifen etablierte Machtpositionen an und schaffen – wenn sie gelingen – neue Voraussetzungen der Verfügung über den gesellschaftlichen Reichtum, für die Teilhabe und Durchsetzung von individuellen und kollektiven Interessen.

Die Nelkenrevolution beendete zunächst die Kolonialherrschaft und einen über 10-jährigen Krieg. Wesentliche ProtagonistInnen der Revolution waren – das sollte nicht vergessen werden – die Befreiungsbewegungen in den Kolonien. Bezieht man dies ein, dann verlief die Revolution als Gesamtprozess keineswegs friedlich und »unblutig«, sondern kostete viele Menschenleben und war von brutaler Gewalt begleitet. Die Kolonialmacht gab nicht freiwillig auf.

Die Nelkenrevolution war auch im portugiesischen »Mutterland« keine »Transition«, keine allmähliche Entwicklung zum Parlamentarismus wie nach Francos Tod in Spanien. Einen solchen »sanften« Weg der »Entwicklung in der Kontinuität« hatte Ministerpräsident Caetano nach Salazars Tod vergeblich versucht. Er scheiterte zunächst am Widerstand innerhalb der Oligarchie. Nach der Militärerhebung waren es die Volkserhebung, die offensiven Aktionen der ArbeiterInnen, der Bevölkerung der Zentren, des Landproletariats, die schließlich nicht nur das politische, sondern auch das gesellschaftliche System grundlegend veränderten. Die Verfassung von 1976 spiegelte die Intensität dieser Bewegungen deutlich wider, auch wenn sie – wie die Errungenschaften selbst – in den folgenden Jahrzehnten Stück für Stück wieder revidiert wurde.

Eine Besonderheit der Nelkenrevolution war die Rolle der Portugiesischen Kommunistischen Partei. Sie hatte einen wesentlichen Anteil daran, dass die sozialpolitischen Reformen und die Eingriffe in die Eigentumsverhältnisse der Oligarchie zustande kamen. Die langjährigen Bemühungen um ein Bündnis mit antidiktatorisch gesonnenen Offizieren der Kolonialarmee und die Existenz eines Programms, das den linken Offizieren unterschiedlicher Richtungen letztlich plausibel schien und zur Leitlinie wurde, trugen insofern Früchte, als die Mobilisierungsaktivitäten der Partei und der von ihren Kadern geprägten Gewerkschaften für neun Monate von linken Militärs mitgetragen waren. Sie verhinderten, dass Betriebs- und Landbesetzungen oder Demonstrationen, wie zu Zeiten der Diktatur, gewaltsam niedergeschlagen wurden. Die PKP war für die westeuropäischen Verhältnisse der 1970er Jahre ein Unikat. Sie strebte zwar – wie die anderen einflussreichen KPen Westeuropas – ein Linksbündnis mit der Sozialistischen Partei an, doch gaben ihr die unbestritten führende Position in der ArbeiterInnenbewegung und ihr Ansehen, das sie bei einem Teil der MFA-Führung genoss, eine wesentlich stärkere Position. Mit der Ausschaltung des MFA innerhalb der Armee entfiel dieser Vorteil. Die Unterstellung, die PKP habe einen »Linksputsch« beabsichtigt und aus Portugal einen Satelliten des Ostblocks machen wollen, entbehrt jeder Grundlage.

Eine weitere Besonderheit der Nelkenrevolution war der Einfluss, den militante ultralinke Gruppen im Militär gewinnen konnten. Zusammen mit linksradikalen Tendenzen in der IndustriearbeiterInnenschaft, die ihre Wurzeln in einer während der Diktatur gewachsenen Ungeduld hatten, jetzt endlich mit den alten Herren Schluss zu machen, egal wie, konnte dies leicht die wirklichen Kräfteverhältnisse im Landesmaßstab und in der Armee vergessen machen und zu Träumereien verleiten.

Die Nelkenrevolution lieferte zugleich ein anschauliches Beispiel für die Grenzen nationaler revolutionärer Befreiungsstrategien im damaligen Europa. Der Rahmen war von vornherein definiert durch externe Interessen. NATO und EG-Staaten machten sehr schnell klar, dass sie ein Ausscheren Portugals, einen »dritten oder blockfreien Weg« nicht tolerierten und Unterordnung unter die »westlichen« Bündnispartner verlangten. Die portugiesische Ökonomie bot andererseits keine Basis für einen autonomen nationalen Kurs, der auf Kredite und Kooperation mit ausländischem Kapital hätte verzichten können.

Was hatte – zumindest für eine Generation – Bestand? Zur positiven Bilanz gehören – neben der Entkolonisierung – die Abschaffung der Diktatur, die demokratischen Rechte und Freiheiten und die erkämpften sozialen Reformen und Rechte, auch wenn letztere im Zuge der Anpassung an die EU und die neoliberale Austeritätspolitik Zug um Zug demontiert wurden und werden. Die Aprilrevolution hat gewiss zur Modernisierung des Landes beigetragen: Archaische Agrarverhältnisse, Analphabetismus bei der Mehrheit der Bevölkerung, Unter- und Fehlernährung und das Fehlen eines öffentliches Gesundheitswesens gehörten für mehrere Jahrzehnte der Vergangenheit an. Wie es bei kapitalistischen Modernisierungsprozessen die Regel ist, gab es GewinnerInnen und VerliererInnen, bei denen die Erinnerung an die revolutionären Errungenschaften und wie sie erkämpft wurden, nicht gelöscht ist, auch wenn Bedingungen für eine neue Nelkenrevolution offenkundig nicht bestehen.

Nachwort zur 2. Auflage

In den vergangenen Jahren fanden in Portugal immer wieder große Protestdemonstrationen, Streiks, auch mehrere Generalstreiks statt; zuletzt ausgelöst durch die desaströsen Auswirkungen der Banken- und Finanzkrise 2007 ff. und durch die Folgen der drakonischen marktradikalen Politik, die seit 2011 von der bis 2015 amtierenden portugiesischen Rechtsregierung zu Lasten der Mehrheit der portugiesischen Bevölkerung exekutiert wurde. Bei den Manifestationen war immer wieder das Revolutionslied »Grandôla, Vila Morena« zu hören und in der Linken ist die Frage nach einem »zweiten 25. April« nie ganz verstummt.

In den Schlussbemerkungen zur 1. Auflage beantwortete ich diese Frage negativ, davon überzeugt, dass sich die Geschichte nicht wiederholt und dass darüber hinaus die soziale Basis und die politischen Verhältnisse in Portugal heute grundsätzlich andere sind als in den 1970er Jahren. Die Nelkenrevolution ist Geschichte. Sie muss als abgeschlossenes Intermezzo behandelt werden und steht für sich.

Deshalb sollte die Entwicklung zwischen 1974 und 1976 auch nicht in das politizistische Schema der seit 1990 gängigen Interpretation von »Transitionsprozessen« – Übergang von Diktaturen zu parlamentarischen Demokratien – gepresst werden, die sich nicht die Mühe machen, die Akteure im Einzelnen mit ihren Motiven, Zielen und Visionen objektiv zu würdigen.

Anlässlich der 2. Auflage dieses Buches möchte ich einige Gedanken zur nachrevolutionären Entwicklung hinzufügen, die über den Zeitrahmen des Basistextes hinausweisen und dabei auch die Bedeutung historischer Erfahrungen für aktuelle Auseinandersetzungen ansprechen. Den Anstoß gab die Lektüre eines jüngst erschienen Romans der portugiesischen Schriftstellerin Lídia Jorge. Er trägt den Titel »Os memoráveis« (sinngemäß übersetzt: »Die Erinnerungswürdigen«; Lídia Jorge, Os Memoráveis, 2a edição, Publicações Dom Quixote, Alfragide/Portugal 2014). Lídia Jorge gehört – wie ich – zur Generation der ZeitzeugInnen der Nelkenrevolution und widmet sich in Romanform der Frage, welche Bedeutung der Sturz der Diktatur, insbesondere die Militäraktion des MFA für die daran beteiligten 5.000 Soldaten und Offiziere hatte, wie die Akteure von einst im Rückblick – im Roman ist es der Rückblick nach 30 Jahren – ihr damaliges Engagement sehen. Sie wählt die Perspektive dreier Personen, die während der Ereignisse Kinder waren. Die noch lebenden einstigen »Helden« beschreibt die Autorin als »Emigranten in der Demokratie«, die mit Kränkungen und Enttäuschungen ihrer einstigen revolutionären Hoffnungen zurechtkommen müssen, wenn sie nicht zu denen gehören, die an- und eingepasst in eine neue gesellschaftliche Realität die einstigen Ideale zugunsten pragmatischer Karrieren aufgaben. Lídia Jorge ruft die Erinnerung an die Ziele und Ambitionen der Akteure von damals in Erinnerung, um – wie sie sagt – heute bei jungen Menschen den Mut zu Visionen und Vorstellungen von einer besseren Gesellschaft zu wecken.

Die Frage nach dem, was erinnernswert an der Nelkenrevolution sei, beantwortet sie allerdings anders, als ich es im Basistext getan habe. Bei ihr taucht der »povo«, tauchen die Industrie- und LandarbeiterInnen, die aus der Militärerhebung eine soziale Revolution machen wollten, nur als Objekt der Visionen der Militärs auf, als diejenigen, *für die* die Revolution stattfinden sollte, nicht aber als eigenständige Akteure. Lídia Jorges

»hall of fame« bleibt unvollständig. Sie muss literarisch komplettiert werden durch andere Romane und Erzählungen, z. B. die von José Saramago (»Hoffnung im Alentejo«, 1. Auflage im Aufbau-Verlag, Berlin / Weimar 1985).

Teile des linken Spektrums im politischen Lissabon träumen seit dem Wahlkampf 2015 wieder von einer Erneuerung (»renovação«) der Politik. Dabei spielt der Bezug auf die BürgerInnen, auf nationale Interessen und deren Durchsetzung innerhalb der EU, auch im Kontext einer Kooperation der Staaten der »lingua portuguesa« eine neue Rolle.

Insbesondere in der Sozialistischen Partei besteht offenkundig ein solches Bedürfnis bis weit ins Parteiestablishment hinein. 40 Jahre lang war die Partei fest eingebunden in die Brüsseler Eurokratie, ihre führenden Politiker gehörten und gehören zu den Repräsentanten der EU in internationalen Institutionen und schafften den Aufstieg in die Reihen der modernisierten Oligarchie im Land. In den 1970er und frühen 1980er Jahren erwiesen sie sich als Wegbereiter einer stabilen rechten Mehrheit, die einen offensiv gegen die »Errungenschaften des April« gerichteten arbeiterfeindlichen Kurs exekutierten.

Von 1995 bis 2002 löste die Sozialistische Partei die Rechtsallianz ab, der sie zur Macht verholfen hatte. Die von ihr geführte Regierung schaffte es, mit Mitteln aus EU-Töpfen eine kleine Wende zu bewerkstelligen. So fand 1998 in Lissabon die »Expo« statt. Diese Gelegenheit wurde genutzt, um z. B. die schlimmsten Lissabonner Slumviertel abzureißen und auf dem Expo-Gelände nicht nur ein Ozeaneum zu installieren, sondern auch ein neues Viertel mit Sozialwohnungen zu errichten, die Metro und andere Verkehrswege zu modernisieren und auszubauen.

Nach einem weiteren rechten Intermezzo gewannen die Sozialisten 2005 die absolute Mehrheit. Diese Regierung geriet in die Turbulenzen der Finanzkrise und endete mit einer gigantischen Staatsverschuldung, deren Sanierung eine neue Rechtsregierung unter Pedro Passos Coelho (2011–2015) vom Partido Social Democrata (PSD) mit einem strikt marktradikalen »Austeritäts«kurs (sprich: Umverteilungskurs zu Lasten der Bevölkerungsmehrheit) vorantrieb. Portugal wurde neben Irland zum Musterschüler der »Institutionen« des internationalen Finanzkapitals, nahm den »Rettungsschirm« von EZB, IWF und EU in Anspruch und erfüllte alle Auflagen. Im Ergebnis wurde das Land – wie einst unter der Diktatur – zum Armenhaus an der westlichen Peripherie Europas. Viele Menschen, darunter gut ausgebildete Fachkräfte, verließen wieder einmal das Land.

Im Jahr 2015 brachten die Parlamentswahlen ein Ergebnis, das den Hoffnungen, die Lídia Jorge der jungen Generation machen möchte, neue Nahrung zu geben scheint. Nach fast vierzig Jahren wurde auf nationaler Ebene wieder möglich, was seit dem Ende der sozialrevolutionären Episode 1974/76 ausgeschlossen war: ein Linksbündnis auf Regierungsebene. Sozialistische und Kommunistische Partei[78] sowie der »Linksblock« (»Bloco da Esquerda«) verständigten sich darauf, eine Minderheitsregierung der Sozialistischen Partei dabei zu unterstützen, den Kurs der Umverteilung von unten nach oben aufzuhalten und eine vorsichtige sozialstaatliche Wende zu wagen. Auf dieser Basis lehnte es der neu gewählte Ministerpräsident ab, eine Koalition mit den rechten Parteien der Austerität einzugehen, und steht nun unter Beobachtung, ob es gelingt, die Versprechungen aus dem Wahlkampfabkommen einzulösen.

Die von KP und Linksblock tolerierte sozialistische Regierung kam zustande, weil KP und Linksblock – anders als in den Jahren zuvor und anders als die griechische KKE gegenüber SYRIZA – ihrerseits zu einem Bündnis miteinander bereit waren. Die Wahlübereinkunft enthält eine Reihe konkreter Maßnahmen, etwa

78 Im Herbst 2015 erreichte das Wahlbündnis CDU, in dem die PKP tonangebend ist, bei den Parlamentswahlen 8,3 % der abgegeben Stimmen (Bloco da Esquerda: 10,2 %; SP: 32,3 %).

die Zurücknahme von Mindestlohn- und Rentenkürzung und gerechtere Besteuerung. Einiges wurde bereits umgesetzt. Doch wie lange die Gesamtkonstellation hält, was von den Erwartungen realisierbar ist und insbesondere wie zuverlässig die Wahlversprechen der Sozialisten sind, bleibt nicht zuletzt vor dem Hintergrund von deren Vergangenheit abzuwarten. Dabei muss sich auch erst noch zeigen, welche Spielräume es innerhalb des Käfigs von EU, gemeinsamem Markt und Euro gibt.

Erste Anzeichen, wohin die Reise gehen könnte, zeigten sich bei der Parlamentsabstimmung über die Rettung einer insolventen Bank. Hier setzte sich der Ministerpräsident gegen die PKP und den Linksblock durch, indem er die Stimmenthaltung der rechten Opposition nutzte: Schaukelpolitik als Überlebensstrategie.

Bei den Präsidentschaftswahlen Ende Januar 2016 traten Sozialisten, Bloco und PKP getrennt an, die Sozialisten sogar mit zwei BewerberInnen. So erreichte der von den Konservativen und den Rechtsparteien unterstützte Kandidat, Marcelo Rebelo de Sousa, die absolute Mehrheit bereits im ersten Wahlgang. Der ehemalige Herausgeber der Wochenzeitschrift *Expresso* präsentierte sich als unabhängig. Er war und ist allerdings mit der Wirtschaftselite und Politikerkaste des Landes eng verbandelt. Er appellierte an die Rechtskonservativen, die Regierung – wenn nötig – weiterhin als Mehrheitsbeschaffer zu stützen und nicht auf Neuwahlen zu setzen. Das ist die parlamentarische Ebene.

Außerparlamentarische Bewegungen und deren Aktivitäten, darunter zahlreiche Generalstreiks, sind in den vergangenen Jahren immer wieder ins Leere gelaufen. Sie sehen sich jetzt ermutigt. Der Vorsitzende des größten Gewerkschaftsverbandes Portugals CGTP (Confederação Geral de Trabalhadores de Portugal) hat bereits erklärt, man verlasse sich nicht auf Wahlversprechen, sondern auf die eigene Kraft. Eine erste Kraftprobe wird der Kampf um die Wiedereinführung der 35-Stunden-Woche im Öffentlichen Dienst sein.

Während an der osteuropäischen Peripherie Machtgewinne rechtspopulistischer Regierungen die enttäuschten Hoffnungen ausdrücken, die in die EU gesetzt wurden, setzen die WählerInnen im Süden des Kontinents offenkundig auf einen anderen Weg aus der Perspektiv- und Hoffnungslosigkeit. Ob dabei Erfahrungen aus der Nelkenrevolution, die so unverkennbar einem anderen Abschnitt der Zeitgeschichte entspringen, Mut machen oder eher abschrecken, ist schwer zu sagen. Es scheint aber doch die Tatsache nachzuwirken, dass es sich – anders als in Osteuropa – bei der Nelkenrevolution um den Sturz einer faschistischen Diktatur gehandelt hat.

In den offiziellen Diskursen des Gedenkens spielen die Nostalgiker der »guten alten Kolonialzeit« und des Salazarismus nur noch eine Nebenrolle. Den 25. April reklamieren längst auch die überzeugten EuropäerInnen und ProtagonistInnen der »nur« bürgerlichen Demokratie für sich. In diesem Diskurs haben kommunistische Persönlichkeiten, die am Widerstand gegen die Diktatur beteiligt waren, inzwischen durchaus ihren Platz. Doch die Kommunistische Partei von heute, die ihre ablehnende Haltung zum EG-Beitritt und zu den Folgen der EU-Mitgliedschaft nie revidiert hat, im Gegenteil, sich durch die Entwicklung bestätigt sieht, wird im offiziellen Diskurs weiterhin als »altstalinistisch«, »ewiggestrig« diffamiert. Ihre Basis ist in den Gewerkschaften zu finden, in denen sich die Arbeiter der Betriebe organisieren, die die Deindustrialisierung seit den 1980er Jahren (zunächst noch?) überlebt haben, und in den von Privatisierung bedrohten Staatsunternehmen. Weitere AnhängerInnen findet sie im Öffentlichen Dienst und unter von Kürzungen und neuer Armut betroffenen RentnerInnen. Im Gedächtnis dieser Menschen lebt die Erinnerung an die Nelkenrevolution als – leider gescheiterter – Traum einer sozialen Revolution fort.

Unter den jungen Erwachsenen, die von den Reformen nach 1974 zunächst profitierten, eine gute Bildung und Ausbildung haben und nun arbeitslos oder prekär ihr Leben fristen, wenn sie nicht ins Ausland gehen, unter jenen, die nicht als ExistenzgründerInnen erfolgreich wurden und von den kurzen Boomphasen profitierten, findet der Linksblock seine AnhängerInnen – wie im Nachbarland Spanien die Partei PODEMOS oder die SYRIZA in Griechenland. Sie hoffen auf ein anderes Europa, auch wenn ihre griechischen GenossInnen im ersten Anlauf erfolglos waren und sich vielleicht Illusionen hingaben, die an bestimmte Phasen der Aprilrevolution erinnern.

»A Europa Connosco!« (»Europa ist mit uns!«) Diese Parole stand 1974 bis 1976 für das Versprechen eines wirtschaftlichen und sozialen Aufschwungs innerhalb der sich damals gerade herausbildenden westeuropäischen Institutionen. Sie war eine Losung gegen die damaligen revolutionär-sozialistischen Hoffnungen und verfing. Wenn nun eine neue Generation in Portugal aufbrechen sollte, wird sie in doppeltem Sinn nüchterner sein: zwar wird sie kaum an die Konzepte der Agrarreform und einer teilverstaatlichten Industrie anknüpfen, aber sie weiß auch, dass das Europa, in dem sie ihren Weg beginnt, nicht das Austeritätseuropa der »Institutionen« sein kann.

Abkürzungsverzeichnis

ANP	Acção Nacional Popular
ARA	Acção Revolucionária Armada
ALA	Associação Livre dos Agricultores
AOC	Aliança Operária Camponesa
ASP	Acção Socialista Portuguesa
BNU	Banco Nacional Ultramarino
BR	Brigadas Revolucionárias
CDE	Commissões Democráticas Eleitorais
CDS	Centro Democrático Social
CDU	Coligação Democrática Unitária
CEUD	Commissões Eleitorais da Unidade Democrática
CGT	Confederação Geral de Trabalho
CGTP	Confederação Geral dos Trablhadores Portugueses
COPCON	Comando Operacional do Continente
DGS	Direcção Geral de Segurança
DDR	Deutsche Demokratische Republik
EFTA	European Free Trade Association
EG	Europäische Gemeinschaft
ELP	Exercito de Libertação Portuguesa
FLA	Frente de Libertação dos Azores
FPLN	Frente Portuguesa de Libertação Nacional
FRELIMO	Frente da Libertação Moçambicana
FSP	Frente Socialista Popular
FUP	Frente da Unidade Popular
FUR	Frente da Unidade Revolucionária
GNR	Guarda Nacional Republicana
IWF	Internationaler Währungsfonds
JSN	Junta da Salvação Nacional
KP	Kommunistische Partei
KPdSU	Kommunistische Partei der Sowjetunion
Komintern	Kommunistische Internationale
LCI	Liga Comunista International
LUAR	Liga da Unidade de Acção Revolucionária
MDE/S	Movimento de Dinamização Empresa / Sociedade
MDLP	Movimento Democrático de Libertação Portuguesa

MES	Movimento da Esquerda Socialista
MFA	Movimento das Forças Armadas
MOFA	Movimento dos Officiais das Forças Armadas
MPLA	Movimento Popular de Libertação de Angola
MRPP	Movimento pela Reconstrução do Partido do Proletariado
MUD	Movimento da Unidade Democrática
NATO	North Atlantic Treaty Organisation
OAU	Organisation for African Unitiy
OECD	Organisation for Economic Cooperation and Development
PAIGC	Partido Africano da Independência de Guine-Bissau, Cabo Verde e Principe
PDC	Partido da Democracia Cristã
PEV	Partido Ecologista »Os Verdes«
PIDE	Polícia Internacional e de Defesa do Estado
PKP	Portugiesische Kommunistische Partei (Partido Comunista Português, PCP)
PL	Partido Liberal
PP	Partido do Progresso
PPD	Partido Popular Democrático
PRP	Partido Revolucionário do Proletariado
PSD	Partido Social Democrata
PSP	Polícia de Segurança Pública
PVDE	Polícia de Vigilância e de Defesa do Estado
RGI	Rote Gewerkschaftsinternationale
SEDES	Sociedade de Desenvolvimento económico e social
SP	Sozialistische Partei (Partido Socialista, PS)
SUV	Soldados Unidos Vencerão
UDP	União Democrática Popular
UGT	União Geral dos Trabalhadores
UN	União Nacional

Ausgewählte Literatur

Baer, Willi / Karl-Heinz Dellwo (Hg.): 25. April 1974. Die Nelkenrevolution. Das Ende der Diktatur in Portugal. Bibliothek des Widerstands Bd. 15, Hamburg 2012

Blume, Hans: Portugal braucht Zeit zum Kennenlernen, Frankfurt/M. 1986

Carvalho, Otelo Saraiva de: Anklage und Verteidigung. Der Prozess gegen die Nelkenrevolution, Frankfurt/M. 1989

Cunhal, Álvaro: A Verdade e a mentira da Revolução portuguesa, Lisboa 1999

Eisfeld, Rainer: Sozialistischer Pluralismus in Europa. Ansätze und Scheitern am Beispiel Portugal, Köln 1984

Frémontier, Jacques: Portugal: Die Nelken sind verwelkt, Berlin (DDR) 1978

Hübner, Hans: Portugal, Prüfstein der Demokratie?, Köln 1976

Gonçalves, Vasco: Discursos, Conferências, Entrevistas, o. O. 1976

Münster, Arno: Portugal – Jahr 1 der Revolution. Eine analytische Reportage, Berlin 1975

Küpeli, Ismail: Nelkenrevolution reloaded? Krise und soziale Kämpfe in Portugal, Münster 2013

Soares, Mário: Portugal – Rechtsdiktatur zwischen Europa und Kolonialismus, Reinbek 1973

Sperling, Urte: Portugal – Von Salazar zu Soares. Krise der Diktatur und Systemstabilisierung in einem europäischen »Entwicklungsland«, Marburg 1987

Steiniger, Klaus: Portugal im April. Chronist der Nelkenrevolution, Neuauflage, Berlin 2011

Vester, Michael: Die vergessene Revolution. Sieben Jahre Agrarkooperativen in Portugal, Frankfurt/M. 1982

Zum Weiterlesen empfehle ich den LeserInnen insbesondere die Texte von Zeitzeugen, die als Journalisten und Beobachter in den 1970er Jahren das Land bereisten, mit Menschen unterschiedlichster Herkunft und Ansicht gesprochen und sich dabei nicht so sehr auf die politische Klasse und die Vertreter in der Hauptstadt konzentriert haben, sondern auf den »povo«, die arbeitenden Menschen, die sich politisch interessiert und engagiert haben. Sie vermitteln einen lebendigeren Eindruck von dem Geschehen, als es mir in diesem Basistext möglich ist. (Blume, Frémontier, Steiniger, Vester)

Peter Rau

Der Spanienkrieg 1936–39

Basiswissen Politik / Geschichte / Ökonomie

2. Auflage
Pocketformat
130 Seiten; € 9,90 [D]
ISBN 978-3-89438-488-3

Als im Juli 1936 in Spanien die Reaktion um Francisco Franco gegen die demokratisch gewählte Volksfrontregierung putschte, eilten Tausende Antifaschisten aus aller Welt der Republik zu Hilfe und kämpften in den legendären Internationalen Brigaden. Die Vorgeschichte dieser Ereignisse und die politische und soziale Situation in Spanien werden hier ebenso beschrieben wie die umfangreiche materielle Unterstützung Francos durch den internationalen Faschismus. Dargestellt werden der Verlauf des Krieges selbst und die Konflikte im republikanischen Lager. Thematisiert wird zudem die verhängnisvolle Nichteinmischungspolitik der »westlichen Demokratien«, die – neben der massiven Intervention seitens Hitlers und Mussolinis – letztlich für die Niederlage der Republik verantwortlich war. Beleuchtet werden aber auch deren Versäumnisse sowie die nicht immer uneigennützige Hilfe der Sowjetunion.